모리와 함께한 마지막 수업

모리 슈워츠 Morrie Schwartz

1916년 12월 20일 미국 시카고에서 러시아 이민자 출신 유대인 부모에게서 태어나 뉴욕 빈민가에서 자랐다. 여덟 살 때 어머니가 돌아가셨으며, 얼마 후 동생 데이비드는 소아마비 진단을 받았다. 아버지가 재혼한 후 새어머니 밑에서 자랐으며, 아버지 역시 강도 습격으로 사망했다. 뉴욕시립대학교 시티칼리지 사회학과를 졸업하고 시카고대학교에서 철학 석사와 박사 학위를 받았다. 1955년 브랜다이스대학교 교수가 되어 약 40년간 사회학과 사회심리학을 가르쳤다.

77세이던 1994년 근위축성측삭경화증(루게릭병) 진단을 받았다. 죽음을 앞둔 상황에서 유명 앵커 테드 코펠이 진행하는 ABC 뉴스 프로그램 〈나이트라인〉에 출연했다. 1995년 몇 달 동안 코펠과 세 차례 대화를 나누었으며, 나이 듦과 죽음을 주제로 한 이 인터뷰는 역대 가장 인기 있는 시리즈 중 하나가 되었다. 당시 시청자 중 한 사람이던 브랜다이스대학교 옛 제자 미치 앨봄은 매주 화요일마다 스승을 방문해 이야기를 나누었다. 이 만남을 바탕으로 미치 앨봄은 1997년 《모리와 함께한 화요일》을 출간했고, 이 책은 지금까지 4000만 부가 판매되며 세계적인 베스트셀러가 되었다. 1995년 11월 4일 78세를 일기로 세상을 떠났으며, 묘비명에는 "마지막까지 스승이었던 사람"이라고 새겨져 있다.

근력이 약해지고 신체가 마비되는 상황에서도 사망 직전까지 혼신을 다해 써내려간 이 책 《모리와 함께한 마지막 수업》은 삶과 죽음, 상실과 치유, 사랑과 용서에 관한 심오한 통찰과 지혜를 전하고 있다.

MORRIE: IN HIS OWN WORDS
© Morrie Schwartz, 1996
All rights reserved.

Korean Translation Copyright © 2025 by Bookie Publishing House, Inc.
This translation of Morrie: In His Own Words is published by Bookie Publishing House, Inc. by arrangement with Bloomsbury Publishing Inc. through EYA Co., Ltd.

이 책의 한국어판 저작권은 EYA Co.,Ltd를 통해 Bloomsbury Publishing Inc.사와 독점 계약한 (주)부키에 있습니다. 저작권법에 의하여 한국 내에서 보호를 받는 저작물이므로 무단 전재 및 복제를 금합니다.

클로드 모네 그림 목록

26~27쪽 · 〈버드나무Les saules〉(1880)

33쪽 · 〈바람 효과, 포플러 연작Effet de vent, série des peupliers〉(1891)

34~35쪽 · 〈센강의 가을, 아르장퇴유Automne sur la Seine. Argenteuil〉(1873)

38~39쪽 · 〈센강 둑, 베퇴유Berges de la Seine, Vétheuil〉(1880)

43쪽 · 〈모레노정원의 올리브나무Bois d'oliviers au jardin Moreno〉(1884)

44~45쪽 · 〈몽소공원Le parc Monceau〉(1876)

50~51쪽 · 〈수련Nymphéas〉(1906)

56~57쪽 · 〈세관원들의 오두막집La cabane des douaniers〉(1882)

61쪽 · 〈베퇴유 전경Vue de Vétheuil〉(1880)

62~63쪽 · 〈가을의 센강 가Bords de la Seine en automne〉(1876)

66~67쪽 · 〈등나무Glycine〉(c.1925)

71쪽 · 〈지베르니 근처 센강La Seine près de Giverny〉(1888)

72~73쪽 · 〈푸르빌의 거친 바다Mer agitée à Pourville〉(1882)

84~85쪽 · 〈푸르빌의 절벽Falaise à Pourville〉(1882)

92~93쪽 · 〈엡트강 가의 포플러Peupliers au bord de l'Epte〉(1891)

97쪽 · 〈보트-아틀리에Le bateau-atelier〉(1876)

98~99쪽 · 〈일본식 다리와 수련 연못Pont japonais et bassin aux nymphéas〉(1899)

103쪽 · 〈수련Nymphéas〉(c.1912)

104~105쪽 · 〈아르장퇴유의 화가 정원Jardin de l'artiste à Argenteuil〉(1873)

110~111쪽 · 〈안개 속 센강La Seine dans la brume〉(1894)

116~117쪽 · 〈수련Nymphéas〉(c.1897~1899)

120~121쪽 · 〈베퇴유 근처 센강 가Berges de la Seine près de Vétheuil〉(1881)

127쪽 · 〈수련Nymphéas〉(c.1912)

128~129쪽 · 〈지베르니 근처 골짜기의 양귀비밭Champ de coquelicots dans un creux près de Giverny〉(1885)

132~133쪽 · 〈베퇴유 근처 센강 가Les bords de la Seine près de Vétheuil〉(1881)

138~139쪽 · 〈지베르니 근처 센강La Seine près de Giverny〉(1897)

143쪽 · 〈세 그루 나무, 여름Les trois arbres, été〉(1891)

144~145쪽 · 〈지베르니의 서리Le givre à Giverny〉(1885)

149쪽 · 〈라바쿠르, 겨울Lavacourt, l'hiver〉(1879)

150~151쪽 · 〈프티트크뢰즈강La Petite Creuse〉(1889)

158~159쪽 · 〈죄포스의 가을Automne à Jeufosse〉(1884)

163쪽 · 〈푸르빌의 석양, 난바다Coucher de soleil à Pourville, pleine mer〉(1882)

164~165쪽 · 〈네 그루 나무Les quatre arbres〉(1891)

169쪽 · 〈양귀비밭Champ de coquelicots〉(1881)

170~171쪽 · 〈양귀비밭, 아르장퇴유 근처Champ de coquelicots, près d'Argenteuil〉(1875)

176~177쪽 · 〈수련Nymphéas〉(1907)

182~183쪽 · 〈베퇴유 길La route de Vétheuil〉(1880)

188~189쪽 · 〈시골을 달리는 기차Train dans la campagne〉(c.1870)

195쪽 · 〈산책로, 생시메옹 농장 길Promenade, route de la ferme Saint-Siméon〉(1864)

196~197쪽 · 〈라바쿠르의 센강La Seine à Lavacourt〉(1880)

202~203쪽 · 〈봄(꽃피는 과일나무)Le printemps(Arbres fruitiers en fleurs)〉(1873)

208~209쪽 · 〈보드메르의 참나무, 퐁텐블로 숲Le chêne de Bodmer, forêt de Fontainebleau〉(1865)

212~213쪽 · 〈보르디게라 근처 발레부오나Valle Buona près de Bordighera〉(1884)

218~219쪽 · 〈절벽 산책, 푸르빌Promenade sur la falaise, Pourville〉(1882)

224~225쪽 · 〈센강의 아침, 비 오는 날Matinée sur la Seine, temps de pluie〉(1898)

228~229쪽 · 〈해 질 녘, 안개 낀 날, 푸르빌Soleil couchant, temps brumeux, Pourville〉(1882)

234~235쪽 · 〈모나코 근처 코르니슈La Corniche près de Monaco〉(1884)

240~241쪽 · 〈아침, 안개 낀 날, 푸르빌Le matin, temps brumeux, Pourville〉(1882)

248~249쪽 · 〈카베 길, 푸르빌Le chemin de la Cavée, Pourville〉(1882)

254~255쪽 · 〈밀밭Champ de blé〉(1881)

260~261쪽 · 〈보르디게라의 야자수Palmiers à Bordighera〉(1884)

266~267쪽 · 〈베퇴유의 봄Printemps à Vétheuil〉(1881)

273쪽 · 〈지베르니의 초원Prairie à Giverny〉(1886)

274~275쪽 · 〈라바쿠르의 센강 위로 지는 해, 겨울 풍경Soleil couchant sur la Seine à Lavacourt, effet d'hiver〉(1880)

282~283쪽 · 〈푸르빌의 절벽Falaise de Pourville〉(1896)

286~287쪽 · 〈센강의 아침, 지베르니 근처Matinée sur la Seine, près de Giverny〉(1897)

291쪽 · 〈수련Nymphéas〉(1904)

292~293쪽 · 〈마을길, 베퇴유Rue de village, Vétheuil〉(1879)

297쪽 · 〈베퇴유 전경Vue de Vétheuil〉(1880)

298~299쪽 · 〈크리스티아니아 피오르 연안에서Au bord du fjord de Christiania〉(1895)

모리와 함께한
마지막 수업

삶의 마지막 순간에
비로소 보이는 것들

모리 슈워츠 지음 · 김미란 옮김

부·키

옮긴이 **김미란**

동덕여대 경영학과를 졸업하고 해운항공업계에서 일하다 현재는 바른번역 소속 전문번역가로 활동하고 있다. 《생각하라 그리고 부자가 되어라》《자본주의에서 살아남기》《해빗 메카닉》《오늘 나에게 정말 필요했던 말》 등 단행본과 《킨포크》《시리얼》 시리즈를 우리말로 옮겼다.

모리와 함께한 마지막 수업

2025년 12월 17일 초판 1쇄 발행
2025년 12월 30일 초판 2쇄 발행

지은이 **모리 슈워츠**
옮긴이 **김미란**
발행인 **박윤우**
편집 **김유진 박영서 박혜민 백은영 성한경 유소영 장미숙**
마케팅 **박서연 정미진 정시원 조아현 함석영**
디자인 **박아형 이세연**
경영지원 **이지영 주진호**
발행처 **부키(주)**
출판신고 2012년 9월 27일
주소 서울시 마포구 양화로 125 경남관광빌딩 7층
전화 02-325-0846
팩스 02-325-0841
이메일 webmaster@bookie.co.kr

ISBN 979-11-7578-001-9 03100

잘못된 책은 구입하신 서점에서 바꿔드립니다.

만든 사람들
편집 **성한경** | 디자인 **박아형**

⋮

어떻게 살아야 할지를 배우면
어떻게 죽어야 할지를 알 수 있고,
어떻게 죽어야 할지를 배우면
어떻게 살아야 할지를 알 수 있다.

⋮

모리 슈워츠를 향한 찬사

그는 웃고 춤추는 것을 좋아했으며 권위자에게는 경외심을 품지 않고 소외된 이들에게는 친절했다. 학생들에게 영감을 주는 동시에 사랑스러운 남편이자 가족을 소중히 여기는 사람이었다. … 모리 교수는 과감한 선언을 두려워하지 않았다. "어떻게 죽어야 할지를 배우면 어떻게 살아야 할지를 알 수 있다." 그에게서는 예수, 부처, 에피쿠로스, 몽테뉴, 에릭 에릭슨의 향기가 느껴진다.

알랭 드 보통
‖ 작가, 철학자, 《왜 나는 너를 사랑하는가》《불안》《알랭 드 보통의 영혼의 미술관》 저자

삶의 복잡함 너머에 있는 단순함을 사랑스럽게 담아내는 탁월한 명료함과 지혜.

M. 스캇 펙
‖ 사상가, 정신과 의사, 《아직도 가야 할 길》 저자

위대한 영적 스승.

오프라 윈프리
‖ 방송인, 작가,《내가 확실히 아는 것들》《당신에게 무슨 일이 있었나요》저자

모리 슈워츠를 아는 사람에게 물어보면 그가 마이클 조던, 빌 게이츠, 조디 포스터를 합친 것보다 더 큰 감명을 주었다고 말할 것이다. … 인간 정신에 대한 그의 열정은 마지막 숨을 거둔 후에도 오랫동안 살아 숨 쉬고 있다.
CNN 북 리뷰스

방황하는 당신을 이해해주고, 그 길을 헤쳐나가도록 건전한 조언을 아끼지 않는 인내심 많고 지혜 깊은 어른.
《가디언》북숍

차례

머리말 · 12

Part 1

❂ 지금의 나 자신을 있는 그대로 받아들여라

Chapter 1

언젠가는 내 몸에 한계가 찾아옴을 기억하자

몸이 약해지고 고장 날 수 있다는 것을 늘 명심하고 대비하자 · 27
현재 나의 몸 상태와 현실을 있는 그대로 인정하자 · 35
전과는 전혀 다른 방식으로 행동하는 유연한 정신을 기르자 · 39
다른 사람의 도움을 흔쾌히 받아들이고 요청하자 · 45
몸이나 질병은 나의 일부일 뿐이니 거기에 너무 집착하지 말자 · 51

Chapter 2

절망이 나를 뒤흔들어도 꿈을 잃지 말자

원하는 것을 지금 당장 갖겠다는 마음을 내려놓자 · 57
좌절감에 휘둘려 필요 이상으로 인생을 어렵게 만들지 말자 · 63
아무리 지치고 걱정스럽고 불안해도 아이처럼 굴지 말자 · 67
때때로 불평을 늘어놓고 화내고 우는 것은 아주 건강한 행동이다 · 73

Chapter 3

내게 닥친 상실을 마음껏 슬퍼하자

나와 남과 세상을 위해 마음껏 슬퍼하고 가슴 아파하자 · 85
죄책감이나 후회 같은 해묵은 감정에 너무 연연하지 말자 · 93
우울에 사로잡힐 때는 가족이나 친구에게 넛지를 부탁하자 · 99
지금 남아 있는 신체 기능과 삶을 소중히 여기자 · 105

Chapter 4

있는 그대로 나를 받아들이자

내가 언젠가는 장애와 죽음에 이른다는 사실을 받아들이자 · 111
다른 사람의 보살핌을 수용하고 더 나아가 즐겨보자 · 117
부정적인 감정을 인정하면 긍정적인 감정의 가치가 이해된다 · 121
고통을 잊게 해주는 환상을 즐기되 너무 오래 빠지지는 말자 · 129
받아들임은 수동적 반응이 아니라 능동적 대응 행위다 · 133

Chapter 5

나의 과거를 떠나보내자

과거에 매달려 후회하거나 자책하지 말고 현재를 위해 살자 · 139
나를 용서하고 남을 용서하고 잘못한 사람에게 용서를 구하자 · 145
과거 속에서 헤매지 말고 배움의 기회로 과거를 활용하자 · 151

Part 2

○ 내가 정말 살고 싶은 삶을 향해 나아가라

Chapter 6

삶의 열정을 불사르자

내가 누구인지 알고 자신이 원하는 일에 열정적으로 몰두하자 · 159
심지어 죽어가는 중이라도 자신의 쓸모를 찾고 목표를 세우자 · 165
사람들과 더불어 살고 사람들을 도울 기회를 찾자 · 171
행복하기로 마음먹으면 어떤 상황에서든 즐거움을 누릴 수 있다 · 177

Chapter 7

더 따뜻한 관계를 꿈꾸자

더 너그럽고 친절하고 다정한 사람이 되기에 너무 늦은 때란 없다 · 183
도움을 주고받을 때는 원하는 것과 필요한 것을 구분하자 · 189
병에 걸렸다고 자책하거나 부끄러워하며 숨기지 말고 솔직하게
이야기하자 · 197
돌봐주는 이들에게 무리한 부탁은 하지 말고 거절해도 개의치 말자 · 203
환자를 돌보는 이들은 흔히 환자 상태를 실제보다 과대평가한다 · 209
몸은 아파도 마음을 열고 좋은 것은 모두 받아들이자 · 213

Chapter 8

나 자신과 친구가 되자

나를 비난하거나 자책하지 말고 사랑하고 아끼며 친구가 되자 · 219
혼자 힘으로 식사할 수 없는 지경에서도 내면의 사생활은 누리자 · 225
인생의 마지막 해라도 자신이 되고자 하는 사람이 될 수 있다 · 229

Chapter 9

내 마음과 감정을 다스리자

감정에 압도되지 말고 감정을 선택하거나 바꾸는 힘을 기르자 · 235
자신에게 일어나는 모든 일의 참여자인 동시에 관찰자가 되자 · 241
감정의 완전한 통제가 아니라 통제하려는 끈기 있는 노력이
중요하다 · 249
헛된 꿈은 버리되 가능한 희망은 얼마든지 품고 실천하자 · 255

Chapter 10

내 영혼을 가꾸고 연결하자

과학으로 이해할 수 없는 더 고차원적인 힘, 강력한 뭔가가 존재한다 · 261
병과 죽음 앞에서 마음을 가라앉히고 중심을 잡아주는 방법을 찾자 · 267
아플 때는 삶과 죽음의 신비, 존재의 의미를 탐구하기 좋은 시간이다 · 275

Chapter 11

죽음과 기꺼이 마주하자

태어난 모든 것은 죽는다는 단순하지만 심오한 진리를 받아들이자 · 283
죽어가고 있다는 사실을 늘 의식하면서 사랑과 연민으로 살아가자 · 287
울타리와 소유물로 나를 분리하지 말고 다정하고 착한 본성을
일깨우자 · 293
우리는 부서져 소멸하는 파도가 아니라 드넓은 바다의 일부로
살아간다 · 299

클로드 모네 그림 목록 · 303

머리말

폴 솔먼Paul Solman

저널리스트, 전 예일대학교 교수, 모리의 브랜다이스대학교 제자

"그냥 모리라고 불러요."

모리스 S. 슈워츠Morris S. Schwartz, 참 따뜻하고 소탈한 이분의 이름입니다.

테드 코펠Ted Koppel을 처음 만났을 때도 모리 교수님은 이렇게 말했습니다. 테드 코펠은 ABC TV 뉴스 프로그램 〈나이트라인Nightline〉의 앵커로 유명합니다. 1995년 코펠은 〈나이트라인〉의 30분짜리 특별 3부작 인터뷰를 진행해 이 지혜로운 노교수를 전국 유명인으로 만들었죠.

모리 교수님이 TV에 출연하기로 결심한 이유는 그분만큼이나 소박했습니다. 1994년 77세 때 교수님은 청천벽력 같은 소식과 마주했습니다. 근위축성측삭경화증ALS이라는, 우리에게는 루게릭병이라고 알려진 퇴행성 질환에 걸렸다는 진단을 받은 겁니다. 어느 때보다 활력 넘치던 분이 병으로 죽어가고 있었던 거죠.

사실 모리 교수님은 매우 겸손한 분입니다. 하지만 방송 출연으로 보람 있는 일을 할 수 있다면 참 아름다운 마무리가 될 것이라 생각하고 용기를 냈습니다. 그 일은 바로 우리가 흔히 꺼리고 쉬쉬하는 죽음이란 주제를 많은 사람 앞에 공공연히 드러내는 것이었죠. 병들고 나이 드는 것에 관해, 그리고 누구나 맞이하는 생의 마지막에 관해 우리 모두가 솔직하게 터놓고 이야기 나누도록 돕는 일이었습니다.

모리 교수님은 이렇게 썼습니다.

"어떻게 살아야 할지를 배우면 어떻게 죽어야 할지를 알 수 있고, 어떻게 죽어야 할지를 배우면 어떻게 살아야 할지를 알 수 있습니다."

교수님의 메시지는 환자들과 그들을 돌보는 사람들뿐 아니라 건강한 사람들을 위한 것이기도 했습니다. 교수님은 〈나이트라인〉 인터뷰에서, 《보스턴글로브》 기사에서, 그리고 전국 라디오와 TV를 통해 우리가 인생과 세상을 어떻게 바라봐야 하는지 길을 알려주는 메시지를 전했습니다.

사람들의 반응은 뜨거웠습니다. 우리에게 가장 민감한 지점을 모리 교수님이 제대로 건드렸던 겁니다. 수백 명의 시청자, 청취자, 독자가 교수님에게 편지를 보내왔습니다. 물론 조언과 위로를 구하는 편지도 많았죠. 하지만 무엇보다 속에 몰래 담아둔 채 괴로워하던 문제에 관해 목소리를 내준 데 감사를 전하는 편지였습니다.

루게릭병은 근육에 신호를 보내는 신경이 완전히 파괴되는 질병입니다. 그러면 근육이 쇠약해지면서 온몸이 굳는 마비 증상이 찾아옵니다. 모리 교수님은 이 증상이 다리부터 시작되었죠. 그런 다음에는? 예, 맞습니다. 죽음에 이르게 됩니다.

그런데 이 사형선고에 모리 교수님이 내놓은 반응은 참으로 놀라웠습니다. 생명과 활기로 넘쳐나는 추도식을 열려고 했어요. 우울한 추도식이 아니라 즐겁기 그지없는 추도식을요.

교수님은 코미디 그룹인 마르크스 형제Marx Brothers의 영화에 푹 빠져 유머를 즐겼습니다. 친구들에게는 자기를 찾아와주면 좋겠다고 알렸습니다. 그리고 이 책의 핵심을 이루는 아포리즘을 쓰기 시작했습니다.

그런 의미에서 이 책은 어떻게 하면 삶의 마지막 순간까지 열정적이면서도 담담하게 살아갈 수 있는가에 대한 모리 교수님의 유언이자 마지막 증언이라 할 수 있습니다. 근육이 말을 듣지 않으면서 글 쓰는 속도는 느려지고 글씨는 비뚤거렸죠. 그렇지만 그럴수록 교수님은 더욱 확고한 신념으로 아포리즘을 써나갔습니다.

처음에 교수님은 자세히 풀어 설명하지 않아도 아포리즘 자체로 의미가 잘 전달될 것이라 여겼습니다. 하지만 곧 독자들이 따라서 실천하려면 친절한 도움말이 필요하다는 사실을 깨달았습니다. 그래서 아포리즘을 일종의 사용 설명서로 만들었습니다. 덕분에 이 아포리즘은 심오한 동시에 어마어마한 힘을 발휘하게 되었습니다.

예를 들어 모리 교수님은 이렇게 말합니다.

"한두 번이 아니라 몇 번이든 자신을 위해 마음껏 슬퍼하고 가슴 아파하십시오."

하지만 어떻게 그럴 수 있겠습니까? 우리 모두는 모리 교수님 같은 사람이 아닌데요. 대부분은 왜 마음껏 슬퍼하고 가슴 아파해야 하는지, 어떻게 마음껏 슬퍼하고 가슴 아파해야 하는지 모릅니다.

그래서 모리 교수님은 아포리즘에 자신의 이야기를 덧붙이기 시작했습니다. 당신이 어떻게 이런 아포리즘에 이르게 되었는지, 또 그것을 우리가 어떻게 이해하면 좋은지 알려주는 이야기를요.

무엇보다 독자들이 이 아포리즘을 내면화하고 실제 삶에 적용할 수 있게 도우려고 애썼습니다.

이 작업을 위한 녹음은 몇 달에 걸쳐 진행되었고 때로는 엄청난 노력이 필요했습니다. 마지막에는 가래가 끓어 기침을 너무 심하게 해 앞가슴 옷깃에 채워둔 마이크가 빠져 흘러내릴 정도였죠. 그럼 누가 와서 다시 채워줄 때까지 마냥 기다리는 수밖에 없었습니다. 그러나 녹음을 거듭할수록 교수님의 아포리즘은 실제 삶에 적용하기 무척 좋을 뿐 아니라 더 거대하고 심오한 지혜를 담고 있음이 분명해졌습니다.

모리 교수님에게는 평생 갈고닦아온 일관된 세계관이 있었습니다. 그 세계관이 이제 마침내 전모를 드러낸 것이었죠. 누군가에겐 친숙한 이야기처럼 들리고, 누군가에겐 마법 같은 이야기처럼 들릴지 모릅니다. 어쨌거나 모리 교수님에게 삶이란 다른 이들을 향해, 세상을 향해, 요컨대 우리 자신보다 더 큰 뭔가를 향해 다정하게 스스로를 열어가는 과정이었습니다. 그랬기에 모리 교수님의 삶은 마지막 순간까지 경이로움과 기쁨으로 가득 차 있었습니다. 교수님이 마지막 해를 살아낸 방식은 그 자체로 이 위대한 스승이 우리에게 베푼 마지막 수업이었습니다.

이 책에 실린 아포리즘은 모리 교수님의 세계관에서 비롯했고, 이 세계관은 교수님이 살아온 인생에서 비롯했습니다. 그러니 책을 읽기 전에 먼저 교수님이 어떤 사람인지 알아두면 도움이 될 겁니다.

모리 교수님은 러시아계 유대인 이민자 집안 출신으로 시카고에서 태어나 뉴욕의 빈민가에서 자랐습니다. 교수님은 마지막 인터뷰에서 어린 시절의 자신을 이렇게 묘사했습니다. 키가 작고 주근깨투성이 얼굴과 빨간색 머리에 "무릎까지 오는 반바지랑 괴상한 옷차림을 하고 다녔죠." 그리고 "항상 명랑했지만 속으로는 슬펐어요"라고 회고했습니다. 여덟 살 때 어머니가 돌아가시면서 마음에 상처를 입었기 때문입니다. 교수님은 이렇게 고백했습니다.

"언제든지 소중한 것을 빼앗길 수 있다는 무력함을 깨달았습니다."

어머니 없이 자라면서 모리 교수님은 상실에, 그리고 다른 사람의 필요성에 민감해졌습니다. 새어머니는 모리 교수님과 그의 남동생을 사랑으로 키웠고, 교수님에게 배움에 대한 열정과 타인에 대한 연민이 자연스레 자라나도록 이끌었습니다.

모리 교수님은 고등학교를 졸업하고 시티칼리지City College에 들어갔습니다. 뉴욕시립대학교 중 하나인 시티칼리지는 학비가 무료였습니다. 그리고 2차 세계대전이 발발하자 참전했다가 고막 파열로 제대했습니다. 제대 후 교수님은 대학원에 진학하려고 했는데 사회학과 심리학 중 어느 쪽을 선택해야 할지 고민에 빠졌습니다.

"난 늘 심리학에 관심이 많았습니다. 그런데 심리학이 쥐를 실험 대상으로 삼아 연구한다는 사실을 알고는 사회학으로 마음이 기울었어요."

모리 교수님은 시카고대학교 대학원에서 사회학을 전공하고 석사 학위와 박사 학위를 받았습니다.

인간 중심 치료로 유명한 심리학자 칼 로저스Carl Rogers, 신프로이트학파의 일원인 정신분석가 해리 스택 설리번Harry Stack Sullivan, 인간중심주의 종교철학자 마르틴 부버Martin Buber 같은 학자의 책을 읽으며 모리 교수님은 그들의 철학에 공감했습니다. 그들은 이렇게 말했죠.

"자신의 감정에 충실하라."

모리 교수님은 심리학처럼 '개인'만 강조하거나 사회학처럼 '사회'만 강조하려 하지 않았습니다. 대신에 이 두 가지를 연결한 당시 떠오르던 학문인 사회심리학에 매료되었습니다.

모리 교수님의 첫 직장은 정신병원이었는데 연구 프로젝트를 수행하려면 자신이 먼저 정신분석을 받아야 했습니다. 그 덕분에 교수님은 중요한 통찰을 얻었습니다. 마지막 인터뷰에서 교수님은 이렇게 말했죠.

"어머니의 죽음이 내게 어떤 영향과 충격을 주었는지 온전히 이해하고, … 그리고 내가 겪은 상실을 가슴 아파하기 시작했습니다."

이때 난생처음으로 멀리 떨어져 자신을 바라보며 자신의 목격자가 되는 경험을 했습니다. 그리고 이 경험은 모리 교수님이 죽음에 대처하는 가장 핵심적인 방법이 되었습니다. 교수님은 이러한 치유를 "카타르시스"(정화)라고 묘사했습니다.

이처럼 모리 교수님은 전통 방식과는 달리 정신분석을 기반으로 하는 정신병원 병동에서 일하기 시작했습니다. 그곳에서 앨프리드 스탠턴Alfred H. Stanton과 함께 힘들어하고 고통받는 사람들을 돌보고, 직원과 환자의 관계를 관찰했습니다. 그러면서 교수님은 주변 사람들의 태도가 환자에게 어마어마한 영향력을 행사한다는 사실을 알고 몹시 놀랐습니다.

교수님은 구석에 홀로 웅크리고 있는 이들까지 포함해 모든 환자를 주의 깊게 살피고 다가가 이야기를 나누었습니다. 정중하고 겸손하게 환자들을 대하고 최선을 다해 그들에게 마음을 열었습니다. 그러자 환자들이 차츰 교수님에게 반응을 보이기 시작했습니다. 이를 통해 교수님은 어떤 사람에게든 자신을 열어 보이는 것이 얼마나 중요한지, 공동체가 개인에게 얼마나 큰 영향을 미치는지 명확히 깨달았습니다.

앨프리드 스탠턴과 모리 교수님은 이 연구 결과를 《정신병원 The Mental Hospital》이라는 책으로 출간했습니다. 이 책은 사회심리학의 고전이 되어 모든 세대 의사에게 영향을 주고 있습니다.

책이 나오고 얼마 지나지 않아 모리 교수님은 브랜다이스대학교 교수직을 제의받았습니다. 이후로 거의 40년 동안, 그러니까 돌아가시기 1년 전까지 참여관찰자participantobserver(집단과 사회 환경에 직접 참여해 활동하고 관찰하면서 연구하는 연구자·옮긴이)로 일을 계속했습니다. "집단 과정group process"(공동 목표를 달성하기 위해 함께 일할 때 발생하는 행동과 상호 작용. 집단 내 의사소통, 협력과 갈등의 역학, 그리고 이런 상호 작용이 의사 결정, 작업 수행, 대인관계에 끼치는 영향 등·옮긴이)을 다루는 교수님의 학부 수업은 비판적이지 않기, 자신을 공동체의 일부로 여기기, 사회를 향해 마음 열기를 배우는 실험실이었습니다. 요컨대 모리 교수님은 자신이 가르치는 내용을 몸소 실천하며 살아간 것입니다.

교수님은 도움을 주기만 한 것이 아니라 받기도 했습니다. 아내와 두 아들 덕분에 자아를 다스릴 줄 알게 되었고, 다른 사람이 자신보다 훨씬 더 중요할 수 있다는 사실을 이해하게 되었다고 했죠.

또 1960년대에 친구, 동료와 함께 결성한 저렴한 심리치료 기관이자 공동체인 '그린하우스Greenhouse' 덕분에 어머니부터 시작해 이제 자신까지 맞닥뜨린 죽음과 상실에 대해 가슴 아파하는 능력을 배울 수 있었다고 밝혔습니다.

아울러 모리 교수님은 브랜다이스대학교 사회학과의 급진적인 동료들 덕분에 자신이 약자를 계속 옹호하고 포용과 평등의 정치 신념을 고수할 수 있었다고 공을 돌렸습니다.

심지어 비교적 늦은 나이에 찾아온 질병인 천식에까지 고마워했습니다. 숨을 헐떡이며 죽어가는(죽을 것 같은) 공포로부터 거리를 두는 법을 가르쳐주었다면서요.

60대 후반에 모리 교수님은 마지막 탐구의 길에 올랐습니다. 교수님은 명상을 배웠습니다. 교수님에게 명상은 자신과 거리를 두고, 지금 이 순간을 사는 법을 배우고, 우주를 향해 마음을 여는 심리치료의 연장선이었습니다. 어떤 의미에서 이것은 말뜻 그대로 영적 수행의 시작이었습니다. 그러나 달리 보면 교수님이 이미 수십 년 전 시작한 영적 수행의 정점이었다고도 할 수 있습니다.

이렇듯 모리 교수님의 아포리즘은 자신의 인생 여정에서 비롯되어 이 책의 근간이 되었습니다. 이솝부터 예수, 니체에 이르기까지 간결한 통찰은 전 세계 모든 문화권에서 사랑받아왔습니다. 오늘날 우리는 넘쳐나는 영상과 정보 '조각들bits'의 시대에 살고 있습니다. 그래서 때때로 사람들은 간략한 표현을 '사운드바이트

soundbite'라며 비웃곤 합니다(사운드바이트는 전체 내용의 핵심을 축약해 담아낸 짧고 인상적인 말로, 때로 부정확하거나 오해를 불러일으킬 수 있다·옮긴이). 그러나 모리 교수님은 그런 걱정 따위 전혀 하지 않았습니다. 간결한 메시지가 영혼을 위한, 모든 영혼을 위한 적절한 방식이라고 생각했기 때문입니다.

　모리 교수님은 1995년 11월 4일 자택에서 평화롭게 잠들었습니다.

Part
I

지금의 나 자신을
있는 그대로 받아들여라

Morrie:
In His Own Words

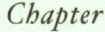

Chapter

I

언젠가는
내 몸에 한계가
찾아옴을 기억하자

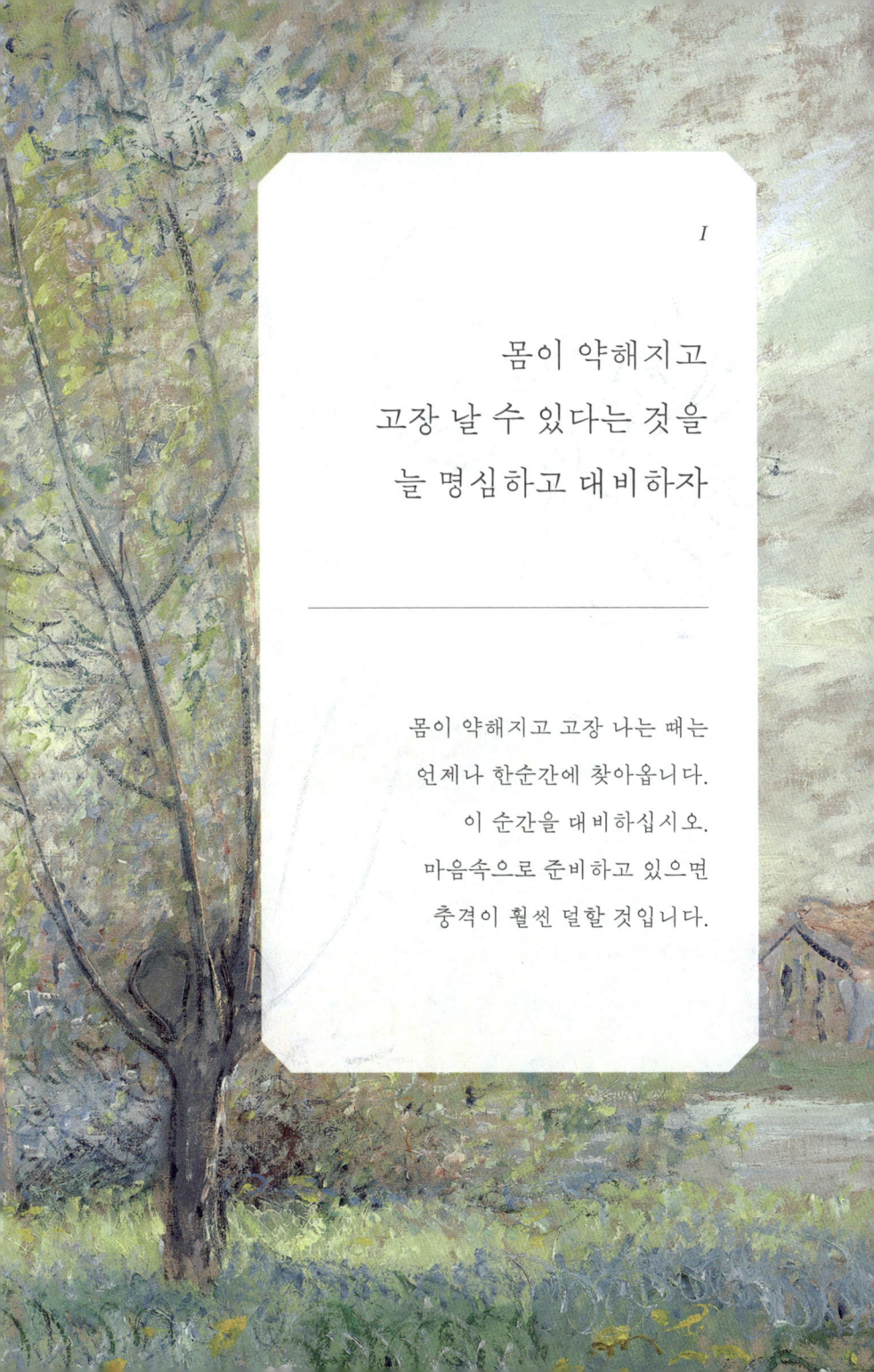

I

몸이 약해지고
고장 날 수 있다는 것을
늘 명심하고 대비하자

몸이 약해지고 고장 나는 때는
언제나 한순간에 찾아옵니다.
이 순간을 대비하십시오.
마음속으로 준비하고 있으면
충격이 훨씬 덜할 것입니다.

1994년 내가 루게릭병(근위축성측삭경화증)에 걸렸다는 사실을 알았을 때 난 마음속으로 생각했습니다.

"이대로 죽어야 할까, 아니면 그래도 살아봐야 할까?"

나 같은 상황에 부닥친 사람 대부분이 그러하듯 너무 끔찍한 병이어서 그냥 단념하고 죽을지, 아니면 어떻게든 살아보려고 애쓸지 고민했습니다. 결국 나는 살아보기로 결심했습니다.

"그렇지만 존엄성, 용기, 유머, 관계를 계속 유지하면서 내가 살고 싶은 방식대로 살 수 있을까?"

그럴 수 있을지 확신이 서지 않았지만 다짐했습니다.

"하는 데까지 최선을 다해보자."

나는 능력이 되는 한 평정심을 유지한 채 살아가기로 굳게 결심했고, 다행히 지금까지는 잘해오고 있습니다.

그날 이후로 신경이 망가지면서 근육이 시들고 굳는 바람에 신체 기능이 하염없이 떨어지는 걸 지켜봐야 했습니다. 혼자 뭔가를 하기가 점점 어려워졌습니다. 아침에 면도할 때나 밥을 먹을 때 손을 끝까지 들어 올릴 수가 없었죠. 마치 손에 커다란 쇳덩어리가 매달린 것 같았습니다.

이제는 음식 삼키기조차 힘듭니다. 기침도 심하고요. 가끔 음식을 넘겨보려고 하면 아주 오랫동안 잘게 씹어야 합니다. 언제까지 음식 공급 튜브 없이 내 힘으로 양분 섭취를 할 수 있을지 막막합니다. 다시는 걸을 수 없게 되었을 때도 받아들이기 힘들었지만 음식을 삼키지 못하는 것이 내겐 가장 큰 상실로 다가옵니다.

두 번째로 큰 상실은 언어 장애입니다. "오" 소리를 내면 목에서 턱 걸립니다. 그리고 말이 자꾸만 어눌해지고 있습니다. 내가 목소리를 잃어가고 있다는 초기 신호 중 하나죠.

말은 평생 하는 건 줄 알았습니다. 너무나 당연한 기대여서 말하지 못하게 된다는 사실을 마주했을 때 엄청난 충격을 받았습니다. 그래서 이제 뭔가를 분명히 표현하지 못할 때 어떻게 될지 상상해보고 있어요. 뭔가를 시키거나 요청하거나 마음속 감정이나 머릿속 생각을 드러낼 수 없다면 어떻게 될까요? 나도 잘 모르겠습니다.

그리고 침묵을 활용하는 법을 찾아보려고 합니다. 어쩌면 그것이 진짜 내 목소리를 듣는 방법일지 모르기 때문이죠. 침묵 활용은 흥미로운 도전이 될 것 같습니다. 가족과 친구들에게는 이미 말해두었어요.

"여러분의 생각과 감정을 말하면 내 대답을 느낌으로 알 수 있을 거예요. 말로는 표현하지 못해도 내 얼굴을 보면 알 수 있을 겁니다."

아직 얼굴 근육은 잘 움직여서 표정을 지을 수 있으리라 믿고 있습니다. 하지만 뭔가를 의논하고 내 피드백이나 도움받으려고 할 때는 내가 "예" "아니요"로 대답할 수 있는 단답형 질문으로 바꿔 말해야 할 겁니다.

이것이 내가 앞으로 닥칠 언어 상실에 대비하는 방식입니다. 그래도 실제로 목소리를 잃었을 때 새로운 기계 장치나 도구가 나와 있으면 좋겠다 싶습니다.

물론 예측한다고 해서 신체 능력 소멸에 완벽히 대비할 수는 없을 겁니다. 이런 상실은 너무나 강력해서 경험해보지 않고는 절대 모르기 때문이죠. 무슨 일이 일어날지, 어떻게 하고 싶은지 생각해볼 수는 있어도 실제로 닥치기 전까지는 경험해볼 수가 없습니다. 그러니 무엇을 할지, 어떻게 할지 결정이 달라질 수밖에 없죠.

틀림없이 나는 한동안 우울에 시달릴 겁니다. 얼마나 그럴진 모르지만 그게 정상적인 반응입니다. 아마 이삼일쯤 지나면 다시 좋아지기 시작할 겁니다.

걷기나 말하기 같은 능력을 잃든, 이전보다 정신이 흐려

지든, 더 많은 상실을 예측하고 대비하십시오. 그럴수록 적응하기가 훨씬 더 쉬워질 것입니다.

II

현재 나의 몸 상태와 현실을 있는 그대로 인정하자

지금 이 순간의 자신과
몸 상태, 운명을 있는 그대로
받아들여보십시오.

최근에 의사이자 심리치료사인 알렉산더 로언Alexander Lowen이 쓴 《몸의 배신The Betrayal of the Body》을 읽었는데 참 유익했습니다.

그는 이렇게 지적합니다. 사람들은 자기 몸이 늘 완벽하다고 믿거나, 적어도 늘 최상의 상태를 유지해야 한다고 믿는다고요. 그렇지 않으면 몸에 배신감을 느낀다는 겁니다. 마치 자신이 항상 건강할 것이고 몸은 언제나 적절하게 반응할 것이라는 신의 계시라도 받은 것처럼 말이죠.

왜 이런 터무니없는 믿음에 사로잡혀 있는 걸까요? 내 생각에는 스스로를 병이나 죽음과는 멀리 떨어진 존재, 언제까지나 젊음과 건강을 누릴 수 있는 존재인 양 착각하기 때문 아닐까 싶습니다.

사람들은 자신이 나약한 존재, 실제로 언제든 쓰러질 수 있는 존재, 결국에는 죽을 수밖에 없는 존재라는 생각을 애써 외면하거나 쉽사리 인정하지 못합니다.

III

전과는 전혀 다른
방식으로 행동하는
유연한 정신을 기르자

뭔가를 할 때 더 힘들고
더 오래 걸릴 겁니다.
전에 했던 방식과는 전혀
다르게 해야 하기 때문입니다.

다리에서 힘이 빠지기 시작했을 때 내가 얼마나 약해질지 나는 전혀 예상하지 못했습니다. 바닥에 쓰러지기 직전까지는요.

그날 동생이 모는 차를 타고 병원에 갔을 때였습니다. 동생은 내가 갈 침술원 바로 앞에다 차를 세웠죠. 나는 여전히 내 발로 잘 걸을 수 있는 것처럼 차에서 내렸습니다. 그런데 실제로는 전혀 아니었죠. 지팡이를 들고 있었지만 그때는 지팡이 사용이 서툴렀어요. 난 사정없이 땅바닥에 나동그라지고 말았습니다.

　이 일로 마음먹은 대로 움직이지 못하면 충동을 자제해야 한다는 교훈을 배우게 되었습니다. 사실 난 무척 성미가 급한 사람입니다. 심리 면에서가 아니라 행동 면에서 그렇습니다. 생각한 건 바로 해야 직성이 풀리죠. 그러나 이제는 충동을 자제하고 내가 가능한 것과 불가능한 것을 다시 정해야 했습니다.

　평생 나는 무척 민첩하고, 빠르고, 또 유연하게 원하는 대로 몸을 쓰면서 살아왔죠. 그랬기에 이 일은 내게 엄청난 교훈이었습니다. 이제는 더 이상 그렇게 행동할 수가 없었으니까요. 침대에 오르내리는 것부터 변기에 앉는 것까지 무슨 일을 하든, 어디를 가든 딴 사람 손을 빌려야 하는 처지에 놓였죠.

　이런 이동성의 상실, 자유의 상실에 적응하기란 무척 힘들었습니다. 그러나 이 또한 내게는 헤쳐나가야 할 도전이었고, 결국 급한 성미를 다스리는 법을 배웠습니다.

다른 방법을 찾고 선택하는 능력, 이 정신의 유연성을 우리 모두는 길러야 합니다.

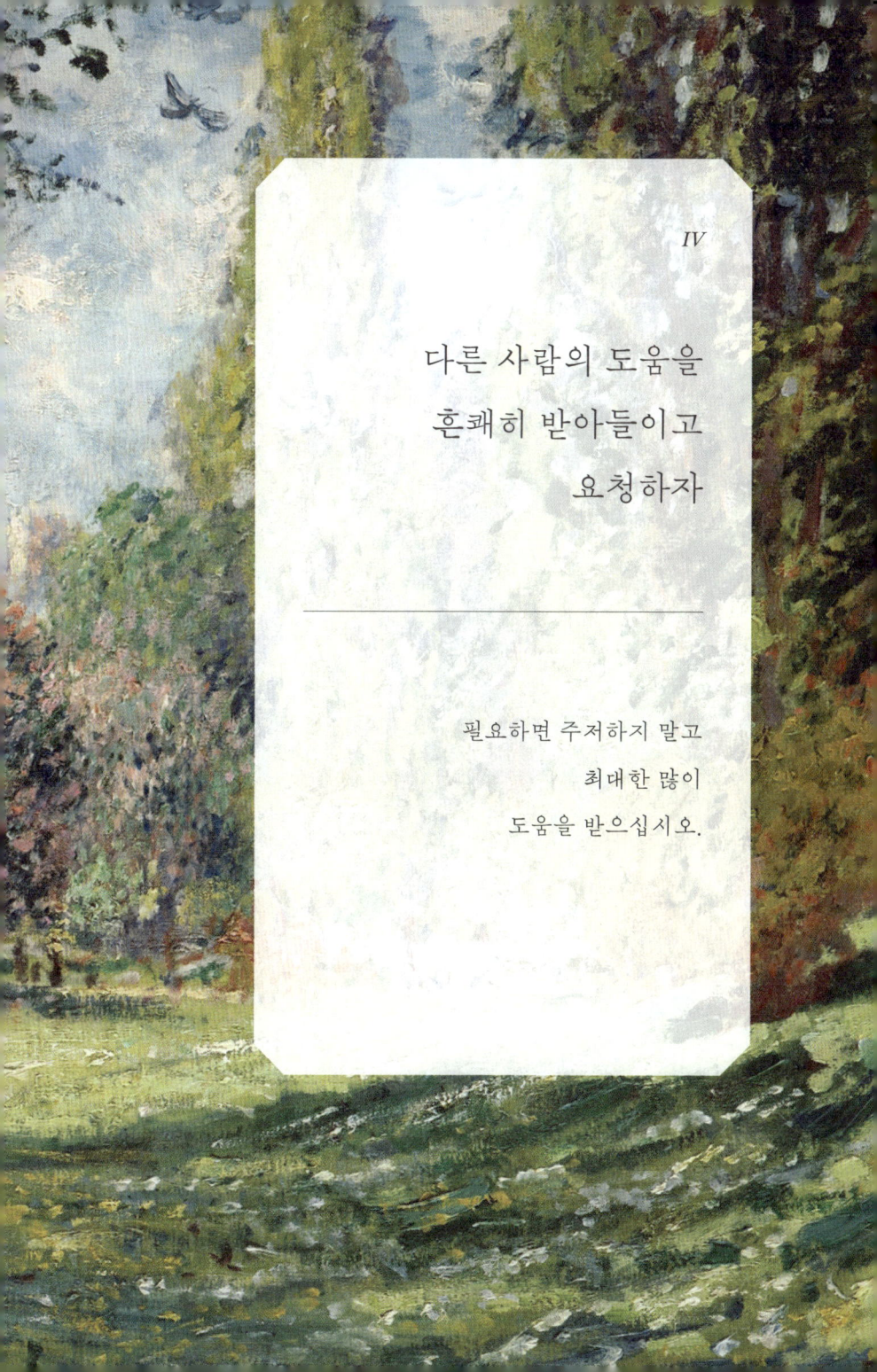

IV

다른 사람의 도움을 흔쾌히 받아들이고 요청하자

필요하면 주저하지 말고
최대한 많이
도움을 받으십시오.

몇 년 전 비가 내리던 어느 날 여든다섯 살인 내 친구가 길을 건너려 하고 있었습니다. 그때 한 젊은 사람이 다가와 안전하게 길을 건너도록 도와주겠다고 했죠. 내 친구는 이 도움을 거절했고, 결국 차에 치여 세상을 떠나고 말았습니다.

많은 나이에도 여전히 자신의 독립성을 주장하던 그 친구는 이런 말을 결코 용납하지 못했습니다.

"그래, 난 도움이 필요해."

사람들은 왜 도움받기를 꺼릴까요? 자기 자존감이 '남에게 의지하지 않는 독립성'에 달려 있다고 믿기 때문입니다. 왠지 우리는 남의 도움을 받거나 바라면 자신이 나약한 존재처럼 보일까봐 두려워합니다.

이렇게 된 데는 자립심과 개인주의를 강조하는 문화 탓이 큽니다. 우리는 영화나 소설 속 카우보이 주인공처럼 되어야 한다는 사고에 사로잡혀 있습니다. 자유롭고, 여유롭고, 뭐든 할 수 있고, 모든 걸 차지하고 정복할 수 있으며, 다른 사람의 도움 없이도 잘 살아가는 영웅. 론 레인저 Lone Ranger 같은 유형이죠(론 레인저는 미국 서부 시대를 배경으로 한 작품에 등장하는, 악당을 물리치고 약자를 돕는 히어로 캐릭터다·옮긴이).

특히 남성 가운데에서 이런 이미지를 꿈꾸는 이들이 많습니다. 이 부류에 속한 남성은 사람 사이 상호 작용의 필요성을 받아들이지 않죠. 정말 안타까운 일입니다. 우리에게는 서로가 필요합니다. 우리 생각보다 훨씬 더 많이 필요합니다.

사실 신체만이 아니라 정서와 심리 차원에서도 이러한 상호 작용의 필요는 대단히 큽니다. 그런데 우리는 서로가 필요하다는 사실을 마치 전염병인 양 드러내길 꺼리는 경향이 있습니다.

그러니 도움이 필요할 때는 확실하게 밝히고, 다른 사람에게 당신이 필요하듯 당신도 다른 사람에게 필요하다는 사실을 받아들이십시오. 이것이 훨씬 더 이치에 맞습니다.

한편 도움을 주는 사람의 태도에 따라 도움받는 사람이 좋아할 수도 싫어할 수도 있습니다. 그래서 도움이 필요한 사람을 찾아가거나 돌보려 할 때 몇 가지 유의할 사항이 있습니다.

첫째, 진심이 아니라면 돕겠다고 먼저 나서지 마십시오. 가족이나 사랑하는 사람이 그런 속마음을 알아차리면 도움받을 때 오히려 화가 나거나 모욕감을 느낄 수 있습니다.

둘째, 거북하거나 언짢은 일을 부탁받으면 솔직하게 이유를 밝히고 거절하십시오. 그리고 가능하다면 그 일을 대신 해줄 사람을 찾도록 도와주십시오.

 셋째, 도움이 필요한 사람을 지나치게 어렵게 대하지 마십시오. 도움이 필요한지 물을 때는 구체적으로 물어보십시오. 만약 빨대 포장지를 벗기기 힘들어하면 유난 떨지 말고 그냥 대신 포장지를 벗겨주겠다고 하세요. 적절한 시점에 실질적인 도움을 주는 것이 중요합니다.

 넷째, 도움이 필요한 사람을 존중하고 최대한 평소 수준의 예의를 지키십시오. 예를 들어 부탁하지도 않았는데 마음대로 머리를 들어 올리고 베개를 정리하는 등의 행동은 하지 마세요. 도움받는 사람은 얼마나 무기력한 상태에 있든 자신의 자율성이 계속 존중받기를 원합니다.

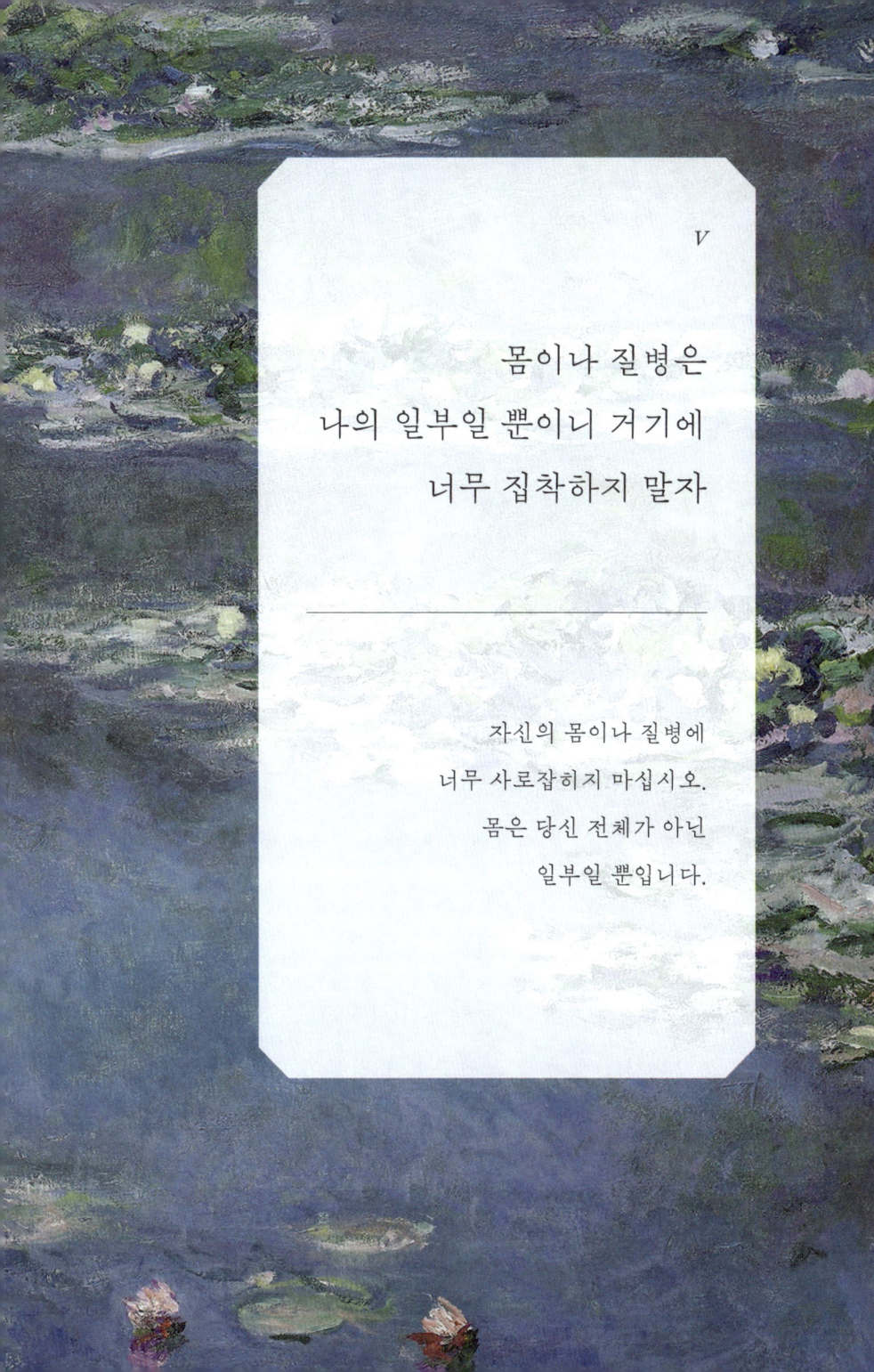

V

몸이나 질병은
나의 일부일 뿐이니 거기에
너무 집착하지 말자

자신의 몸이나 질병에
너무 사로잡히지 마십시오.
몸은 당신 전체가 아닌
일부일 뿐입니다.

심각한 병에 걸리면 자신의 몸과 질병에 온통 사로잡히기 쉽습니다. 나 역시 그랬습니다.

예전에 나는 집단 치료를 진행하곤 했습니다. 한번은 어떤 치료 집단에 자신의 병명을 구체적으로 밝히지 않은 남성 환자가 속해 있었습니다. 그런데 그 남성은 모임에 나올 때마다 자신의 병이 얼마나 심각한지, 병 때문에 얼마나 쇠약해지고 힘든지 끊임없이 불평을 늘어놓았습니다.

그런 신세 한탄은 당사자를 더 괴롭고 비참하게 만들었고, 더 나아가 모임에 속한 다른 사람들까지 불안하게 만들었죠. 결국 그는 치료 모임에서 퇴출당하고 말았습니다.

몸이 아프면 다른 뭔가에 초점을 맞추기 어려운 건 사실입니다. 그러나 안 그러려고 노력해야 합니다. 질병에 집착하면 몸의 포로로 전락하고 맙니다. 그러면 몸이 모든 삶을 지배하게 되고, 결국에는 삶 전체가 부상이나 기능 장애, 결핍을 중심으로 돌아가기 시작합니다. 그러니 명심하십시오. 몸이 아프더라도 세상에는 노력과 에너지를 쏟아부을 다른 건강하고 즐거운 일이 얼마든지 많다는 사실을 잊지 마십시오.

우리는 몸을 다치면 마치 자아가 상처 입은 것처럼 생각하는 경향이 있습니다. 그러나 몸은 나 자신의 일부일 뿐이라는 사실을 분명히 하는 것이 중요합니다. 우리는 각 신체 부위를 전부 합친 것보다 훨씬 더 위대한 존재입니다.

우리의 선악 개념과 가치관이 우리가 세상을 바라보는 방식을 형성하며, 바로 이런 것들이 모여서 나라는 자아를 이룹니다. 그래서 우리에게는 감정, 통찰력, 직관이 있습니다.

요컨대 내 견해는 이렇습니다. 정서, 심리, 직관을 비롯한 여러 능력이 있는 한 자아는 잃어버리기는커녕 줄어들지조차 않습니다. 신체 제약이나 기능 장애가 있다고 해서 부끄러워하지 마십시오. 그런 몸 상태 때문에 자신이 더 나아지지 않는다고 생각하지 마십시오.

실제로 나는 루게릭병에 걸리고 난 뒤 심리와 정서 면에서 많은 한계를 뛰어넘을 수 있었습니다. 그렇기에 루게릭병에 걸리기 전보다 지금이 훨씬 더 나 자신답다고 생각합니다.

Chapter

2

절망이 나를
뒤흔들어도
꿈을 잃지 말자

I

원하는 것을
지금 당장 갖겠다는
마음을 내려놓자

언젠가 내가 원하는 대로
다가갈 수 없고, 이룰 수 없고,
닿을 수 없는 날이 올 겁니다.
그때 너무 좌절하거나 분노하지
마십시오. 혹시 하더라도
짧게 끝내십시오.

간단히 말해 좌절감이란 욕구에 따라 행동하기가 불가능할 때, 또는 욕구에 따라 행동했는데 목적을 이루지 못했을 때 생기는 감정입니다.

예를 들어 뭔가 메모를 하고 싶은데 연필이 멀찍이 떨어져 있다고 해봅시다. 연필이 필요하지만 거기까지 닿을 만큼 몸을 움직일 수가 없어서 아예 시도조차 못 합니다. 이때 좌절감은 연필을 사용하지 못하는 데서 오는 것이 아니라 내 욕구에 따라 행동할 수 없다는 데서 옵니다.

만약 연필이 닿을락말락 한 거리에 있다면 잡으려고 노력해볼 겁니다. 그런데 끝내 연필을 잡지 못하면 시도가 실패했기 때문에 좌절할 것입니다.

어느 쪽이든 연필 없이는 하고 싶은 메모를 할 수 없으니 좌절감은 더욱 커집니다. 이런 경우 나는 몸이 갈수록 말을 듣지 않는다고 심란해하지 않습니다. 대신에 그냥 누군가를 불러 연필 좀 달라고 부탁합니다. 좌절감이란 싹이 애초에 자라지 못하게 미리 차단하는 것이죠.

이처럼 신체 제약에서 오는 좌절감은 무척이나 고약합니다. 그런데 이런 좌절감만 있는 게 아닙니다. 이 책을 읽고 있는 사람 중에 나이나 건강 상태에 상관없이 알고 있던 단어나 이름이 기억나지 않아 난감했던 경험을 해보지 않은 사람은 아마 없을 겁니다.

내 경우는 이렇습니다. 한창 말하고 있는 도중에 딱 알맞은 단어가 있는데 그게 도무지 떠오르지 않아요. 이럴 때 정말 답답하죠. 하지만 단어를 억지로 생각해내려고 애쓰지 않고 기다리다보면 보통 저절로 떠오릅니다. 이것이 핵심입니다. 이런 일을 자주 겪다보니 결국에는 기억날 거라는 걸 잘 압니다. 그런데도 난 자꾸 지금 당장 생각해내고 싶어하죠.

이것이 좌절의 기본 특징입니다. 우리는 원하는 것을 원하는 때에 갖기를 원합니다. 그런데 그러지 못했을 때 좌절합니다.

원하는 것을 지금 당장 갖겠다는 마음을 내려놓으십시오. 그러면 좌절감이 줄어들고 결국에는 원하는 것을 이룰 수 있게 됩니다. 물론 시간은 좀 걸리겠지만요.

II

좌절감에 휘둘려
필요 이상으로 인생을
어렵게 만들지 말자

병이 진행되거나 악화하면
스트레스를 많이 받을 겁니다.
이런 상황에서 좌절감 관리하는
법을 익혀두십시오.

병세가 나빠지면 필요할 때 도움을 요청하십시오. 지나친 좌절감에 시달리지 않는 가장 좋은 방법 중 하나입니다. 인내심을 발휘하는 것도 좋은 방법입니다. 그래서 나는 적절한 단어가 생각나지 않으면 떠오를 때까지 기다리자고 스스로 다독이죠. 이처럼 속상하게 만드는 무슨 일이든 나름의 대안을 마련해두어야 합니다.

목이 몹시 마른데 주변에 물을 가져다줄 사람이 없다고

해봅시다. 팔에 힘이 없어서 혼자 휠체어를 밀고 물을 마시러 부엌에 갈 수 없습니다. 대안은 무엇일까요? 바로 물을 포기하는 겁니다. 물을 마시지 않기로 받아들여보세요. 처음에는 그러기가 무척 힘들지만 일단 해보면 다음부터는 그다지 힘들지 않습니다.

 좌절감을 관리할 줄 모르면 자꾸 쌓여 결국은 늘 불안 속에서 살게 될 겁니다. 자신을 위해서라도 필요 이상으로 인생을 어렵게 만들지 마십시오.

III

아무리 지치고
걱정스럽고 불안해도
아이처럼 굴지 말자

가장 약해질 때 감정과 정신, 행동에
퇴행이 일어날 수 있습니다.
아이처럼 굴기를 피하거나
최소화하거나 멈추려고
노력하십시오.

가장 약해질 때 감정과 정신, 행동에 퇴행이 일어날 수 있습니다. 아이처럼 굴기를 피하거나 최소화하거나 멈추려고 노력하십시오.

좌절감은 심신이 약할 때, 특히 피곤하거나 잠을 못 잤거나 불안할 때 쉽게 생깁니다. 이럴 땐 퇴행하고 싶은 유혹에 잘 빠집니다. 원하는 대로 안 되면 될 대로 되라는 식으로 행동하거나 사소한 일에도 아이처럼 마구 짜증을 내며 성질을 부리는 거죠.

그러나 당신은 아기가 아니라 어른입니다. 아무리 지치고 걱정스럽고 불안해도 당신 자신과 주변 사람을 위해 평정심을 유지하려고 애쓰십시오. 이것이 바로 당신이 어른으로서 마땅히 해야 할 일입니다.

그렇다고 감정을 속으로 숨기라는 뜻이 아닙니다. 정반대로 감정은 계속해서 겉으로 표현해야 합니다. 다만 지금 자신의 마음 상태가 주변 상황과 사람을 대하는 방식에 얼마나 큰 영향을 끼치는지 잘 알고 그렇게 하세요.

당신이 입원해서 초조하게 검사 결과를 기다리고 있다고 해봅시다. 이럴 때 병원 식사가 늦게 나오거나 오겠다던 친구가 못 온다고 전화하면 성질이 날 겁니다. 이렇게 스트레스를 받았을 땐 괜히 엉뚱한 사람한테 화풀이하지 않도록 평소보다 더 말을 가려서 해야 합니다. 만약 적절치 않거나 상처 주는 식으로 대했다면 바로 사과하세요.

또한 가까운 사람한테는 솔직해져야 합니다. 기분이 좋지 않으면 그렇다고 사실대로 말하고, 가능하면 무엇 때문에 그런지 구체적으로 밝히세요. 예를 들어 잠을 제대로 못 자서 피곤하다고 말하면 편안해지도록 마사지를 해주거나 마음을 가라앉히는 책을 읽어줄지도 모릅니다. 몸 상태가 달라져서 불안하다면 가족이나 친구들에게 있는 그대로 이야기하세요.

만약 당신이 환자의 말을 들어주는 입장이라면 답이나 해결책을 찾아주어야 한다는 부담은 갖지 마십시오. 환자들은 누군가 자기 말을 공감하며 들어준다는 사실만으로 기분이 한결 나아지는 경우가 많기 때문입니다.

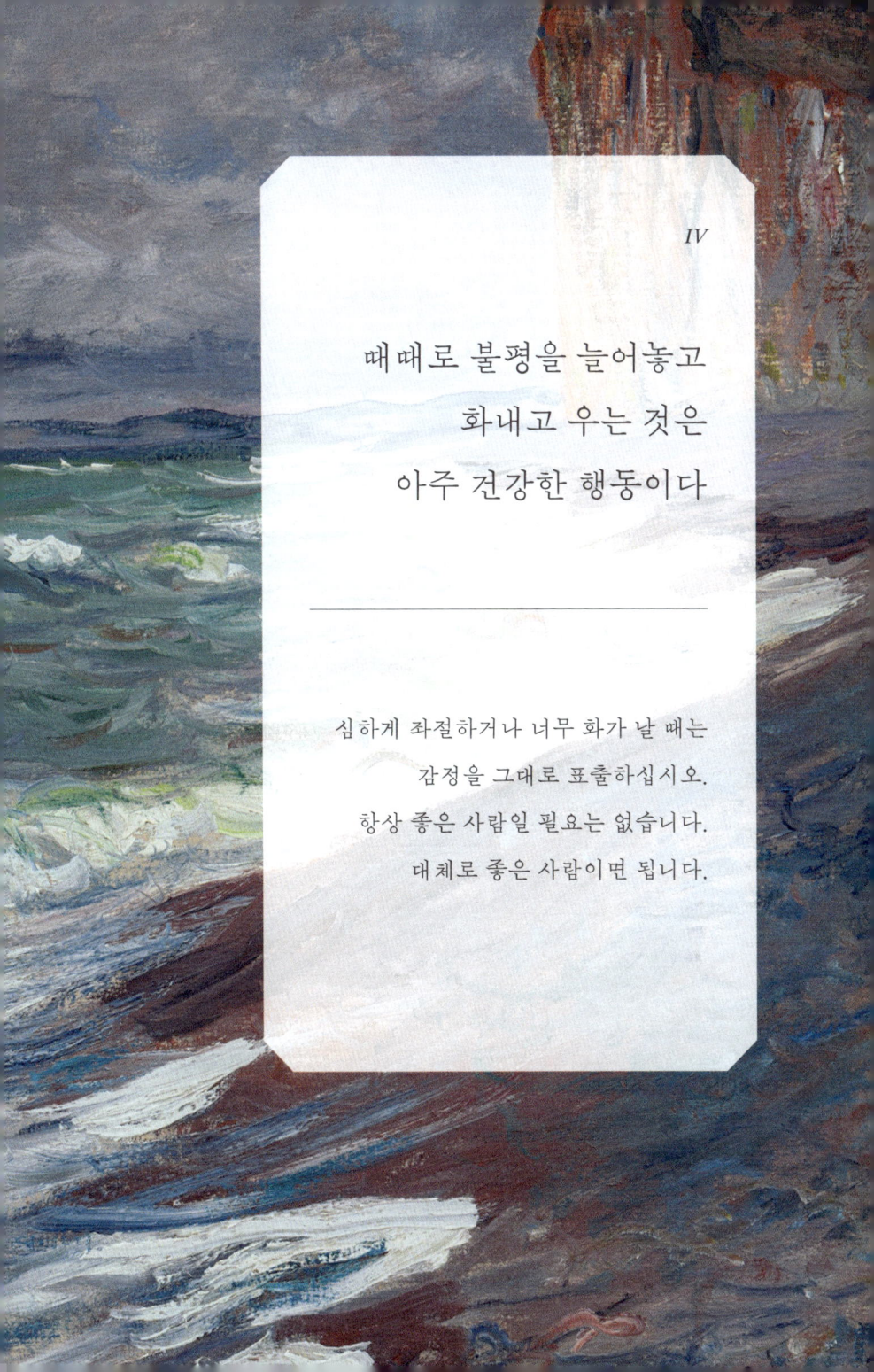

IV

때때로 불평을 늘어놓고
화내고 우는 것은
아주 건강한 행동이다

심하게 좌절하거나 너무 화가 날 때는
감정을 그대로 표출하십시오.
항상 좋은 사람일 필요는 없습니다.
대체로 좋은 사람이면 됩니다.

좌절하고 화가 날 때 감정 표출을 두려워하지 마십시오. 그렇다고 남에게 화풀이해도 된다는 말은 아닙니다. 힘들면 혼잣말로 욕할 수도 있고 상황이 허락하면 큰소리로 욕할 수도 있는 일입니다.

감정을 터트린다고 해서 평정심이 깨지는 건 아닙니다. 사실 주기적으로 부정적인 감정을 표현하는 것은 길게 보면 좌절감을 줄이는 데 도움이 됩니다. 때때로 불평을 늘

어놓고 화내고 우는 건 아주 건강한 행동입니다.

내 감정을 이해해줄 사람에게 큰소리로 분노를 표출할 때, 이런 잔소리나 비난을 하지 않고 내 불평을 있는 그대로 들어줄 사람이 있다는 건 참 고마운 일입니다.

"제발 그러지 좀 마요!"

"애처럼 왜 그래요?"

나는 화나고 불만스러우면 화내고 불평하려 합니다. 불만과 좌절감을 털어놓으면 카타르시스가 느껴지기 때문이고, 또 그런 기분이 오래 가지 않으리란 걸 알기 때문이죠. 나는 곧 평소 모습으로 돌아옵니다. 내 감정을 일일이 검열하고, 그런 감정에 내가 잡아먹히도록 내버려두느니 이편이 훨씬 낫습니다.

잔소리나 비난은 일절 하지 않으면서 내 불평을 들어줄 사람이 주변에 없다면 글로 쓰거나 녹음을 해보세요. 글로 적으면 지금 내 마음속에 몰아치는 감정을 한 발짝 떨어져 바라볼 수 있습니다.

내 경험을 글로 적다보면 그것이 나한테서 빠져나와 종

이 위에 자리 잡는 것처럼 느껴집니다. 그리고 다 쓴 글을 읽으면 마치 그 경험이 다른 사람에게 일어난 것처럼 여겨지면서 그 "다른 사람"을 더 객관적으로 바라볼 수 있게 됩니다.

유머 역시 좌절감을 물리치는 유용한 방법입니다. 그리고 상황을 더 객관적으로 바라보도록 돕습니다. 할 수 있을 때마다 한 발짝 물러나 자신을 지켜보며 웃어보세요.

오늘 아침에 다섯 번째로 책을 떨어뜨렸는데 마침 읽고 있던 쪽이 위로 펼쳐진 채 바닥에 떨어졌다고 칩시다. 책 하나 제대로 붙들고 있지 못하는 답답한 상황에 초점을 맞추지 말고, '장거리' 독서를 하게 된 상황을 유머로 즐겨보세요. 웃는 것은 건강에 좋습니다. 다만 그렇다고 유머를 자신을 깎아내리는 수단으로 삼지는 마십시오.

질병으로 큰 스트레스를 받는 사람 중에는 분노와 좌절감을 표현하기 두려워하는 이들이 있습니다. 불평이 눈덩이처럼 불어날까봐 겁내기 때문이죠. 하지만 나는 이렇게 말합니다.

"감정이 가는 대로 내버려두세요."

좌절감이 많이 쌓여왔다면 어서 털어놓을 필요가 있습니다. 이야기를 하다가 감정이 격해지면서 다른 일에까지 불평을 늘어놓기 시작하면 이 또한 자신이 하는 행동임을 인정하고 받아들이세요. 자신에 대해 자신감을 품고, 감정을 다 표출했으니 이제 나아질 일만 남았음을 깨달으세요.

사실 이 장을 구술하던 날 아침에 나는 불만으로 가득 차 있었습니다. 다리가 아프고. 숨쉬기가 힘들고, 음식 삼키기가 더 어렵고, 먹으면 소화불량에 시달리고, 장에 탈이 났습니다. 그 밖에도 불평할 일이 한두 가지가 아니었습니다.

그런데 이 모든 상황에 대해 투덜거리고 나니 기분이 한결 나아지기 시작했죠. 만약 내가 불평불만을 쏟아내지 않았다면 기분이 좋아지지 않았을 겁니다. 나는 불평 표출하기 효과를 굳게 신봉하는 사람입니다. 그리고 그렇게 했을 때 불평불만이 감당할 수 없을 만큼 눈덩이처럼 불어난 적은 한 번도 없었습니다.

모두가 이런 문제를 처리할 수 있는 자기만의 방식을 찾아야 합니다. 내 방식이 도움이 될 수도 있습니다. 하지만 어느 시점에 이르러 불평을 끊는 것이 더 낫겠다 싶으면 그렇게 해도 되고, 또는 애초부터 불평을 시작하지 않아도 좋습니다.

그러나 어떤 방식이든 검증 과정을 거쳐야 합니다. 정말로 자신을 억제하는 것이 더 나을까요? 아니면 다른 사람의 시선이 신경 쓰여서 자신을 억누르는 걸까요? 여기에 정해진 공식 따위는 없습니다. 나에 대해 알고 집중한 다음 내게 가장 잘 맞는 문제 처리 방식을 익히는 것이 중요합니다.

나는 루게릭병에 걸리기 여러 해 전 아주 큰 좌절을 겪었습니다. 어떤 면에서 그 사건은 내 인생에서 지금을 대비하기 위한 예행 연습이 아니었나 싶습니다.

내 겉모습만 보고는 상상이 안 갈 테지만 나는 원래 춤추는 걸 좋아했습니다. 열두 살 때부터 춤을 추었죠. 1928년에 아버지, 새어머니, 남동생과 함께 브롱크스에 있는 큰 주방이 딸린 방 3개짜리 아파트에 살았는데, 우리 가족은 대부분 주방에서 시간을 보냈습니다. 라디오에서 음악이 흘러나오면 나는 빗자루를 파트너 삼아 신나게 춤을 추며 주방을 휘젓고 다녔죠.

　음악 레슨은 비싸서 엄두를 못 냈고, 노래는 잘 부르지 못했죠. 그러니 춤은 내가 음악을 즐길 수 있는 유일한 길이었어요. 나는 영화배우 겸 무용가 프레드 아스테어Fred Astaire가 영화 속에서 진저 로저스Ginger Rogers를 비롯한 수많은 파트너와 함께 춤추는 모습에 푹 빠져들었죠. 내게는 이 환상의 세계가 가난이란 현실에서 벗어날 수 있는 탈출구였던 셈이죠.

　성인이 되고 나서도 60대까지 '댄스 프리Dance Free'라는 곳에 가서 춤을 추었습니다. 일단 입장료만 내고 들어가면 원할 때까지 춤을 출 수가 있었어요. 보통은 내가 거기에서 가장 나이가 많았죠. 땀이 하도 흘러서 목에 수건을 두르고는 정신없이 춤을 추었습니다. 한 친구는 내가 춤추기를 그만두는 그날이 내가 죽는 날일 거라고까지 했죠.

그러다 1984년 심한 천식에 걸리는 바람에 춤추기를 포기해야만 했습니다. 내 인생에서 처음으로 몸에 큰 위기가 찾아온 사건이었죠.

그때 나이 예순일곱이었는데 그전까지는 크게 아파본 적이 없었습니다. 갑자기 숨을 못 쉬게 될까봐 창가에 붙어 서서 숨을 헐떡이며 밤을 지새우는 날들이 이어졌습니다. 상태가 심각해 스테로이드제를 복용해야만 했죠. 또 불안감을 떨치기 위해 몇 달 동안 정신과 치료를 받아야 했어요. 그때 의사가 천식을 극복하는 데 정말 큰 도움을 주었습니다.

천식 발작의 공포를 다스리는 법을 배우면서 나는 병으로 인한 긴장 상태에 좀 더 익숙해졌습니다. 루게릭병은 천식보다 훨씬 무서운 병이죠. 하지만 천식을 겪어봤기에 현재 상태가 덜 두렵습니다.

춤출 때 듣던 음악이 나오면 지금도 자리에서 벌떡 일어나 신나게 춤추고 싶습니다. 그러다 팔다리 근육이 너무 약해져서 이젠 발을 까딱이거나 손가락을 두드리지조차 못한다는 사실을 깨닫게 되면 절망감이 밀려듭니다.

하지만 비록 춤을 출 수는 없어도 음악은 여전히 들을 수 있죠. 난 그것만으로도 행복합니다.

Chapter

3

내게 닥친 상실을
마음껏
슬퍼하자

I

나와 남과 세상을 위해
마음껏 슬퍼하고
가슴 아파하자

한두 번이 아니라 몇 번이든 나를 위해
마음껏 슬퍼하고 가슴 아파하십시오.
마음껏 슬퍼하기는 엄청난
카타르시스와 위안을 안겨주고,
평정심을 유지하게 해줍니다.

슬픔, 비통, 울음은 자연스러운 감정입니다. 문화적인 금지나 요구, 왜곡이 없다면 이런 감정은 당연하게 일어납니다.

슬픔은 인생에서 중요한 요소입니다. 누구나 살면서 상실을 겪기 때문이죠. 나이가 들면 더 많은 상실을 경험하게 됩니다. 그렇기에 우리는 슬픔을 다루는 법을 알아두어야 합니다.

가장 좋은 방법은 자유롭게 상실을 슬퍼하고 가슴 아파 하도록 내버려두는 것입니다. 마음껏 울게 내버려둘 수도 있습니다. 이런 식으로 풀지 않으면 상실의 경험은 내면에 고통으로 남아 여러 면에서 우리 인생에 악영향을 끼치게 됩니다.

우리는 보통 부모님이나 사랑하는 사람 등 다른 사람을 위해 애도한다는 생각은 하지, 자신을 위해 애도한다는 생각은 잘 안 합니다. 그러나 나는 나를 애도함으로써 마음의 평정을 얻었습니다.

나를 위해 애도한다는 건 어떻게 하는 걸까요? 나는 내 안에서 일어나는 비통함, 슬픔, 절망, 괴로움, 분노, 공포, 후회 같은 감정들을 내가 고스란히 느끼도록 내버려둡니다. 그리고 원 없이 실컷 웁니다. 울음이 그치면 내가 무엇 때문에 울었는지 생각해봅니다. 나의 죽음, 사랑하는 사람들과의 이별, 못다 이룬 일들과 이 아름다운 세상을 떠나는 것에 대한 아쉬움 때문에 울었음을 알게 됩니다. 이렇게 울고 나면 이 세상에 살아 있는 모든 것은 결국 죽는다는 진리를 담담히 받아들이게 됩니다.

그런데 슬픔은 한 번 쏟아내는 것으로 끝나지 않습니다. 울고, 가슴 아파하고, 앓는 소리를 내고, 흐느끼고 싶은 순간은 몇 번이고 다시 찾아옵니다. 그럴 때 생겨나는 속 깊은 눈물, 상실감, 고통, 공허함을 고스란히 느끼게 그냥 내버려두세요.

이런 감정이 얼마나 많이 찾아오든 두려워하지 마십시오. 나는 정말 많이 웁니다. 훌쩍거리기도 하고, 펑펑 울기도 하고, 티 안 나게 울기도 합니다. 혼자 울기도 하고, 다른 사람들과 함께 울기도 합니다.

애도는 우리 인간이 죽은 사람, 떠난 사람, 잃어버린 사람에게 조의를 표하는 방법입니다. 하지만 나는 애도란 삶에, 유한한 삶에 경의를 표하는 방식이라고 생각합니다.

유대인은 전통적으로 슬픔과 상실감을 표현하기 위해 가슴을 찢는다는 상징적 의미로 자기 옷을 찢어서 사랑하는 이를 애도합니다. 이렇듯 상실감은 여러 가지 다른 방법으로 표현할 수 있습니다. 그런데 나는 오래전 심리치료

워크숍에 참가했다가 경험한 일 덕분에 내게는 울음이 효과가 있다는 사실을 알게 되었습니다.

당시 워크숍 리더는 참가자들에게 자기 인생에서 중요했던 장면을 재연해보도록 했죠. 나는 주저하다가 말했습니다.

"재연하고 싶은 장면이 있어요. 어머니의 죽음을 재연하고 싶습니다."

"좋아요. 장면을 준비하죠."

리더는 사람들에게 나의 할머니, 할아버지, 아버지 역할을 맡겼습니다. 그리고 상자 하나를 관처럼 꾸몄죠.

"저기 당신의 어머니가 있습니다. 어머니에게 무슨 말을 하고 싶은가요?"

순간 감정이 북받쳐 올랐어요. 나는 다짜고짜 소리쳤습니다.

"왜 날 두고 떠나셨어요!"

이 말과 함께 난 바닥에 허물어져 대성통곡했습니다.

이때 내 나이 50대 중반이었죠. 어머니가 돌아가신 지

50년이 다 되었는데 몇 시간을 그렇게 울었습니다. 그쳤다 다시 울기를 반복했어요. 그토록 오래 울어보기는 처음이었죠.

이 일은 내 인생에서 크나큰 전환점이 되었습니다. 그날 이후 어머니의 죽음을 대하는 나의 태도가 완전히 바뀌었기 때문입니다.

이제 나는 나를 위해 울고, 앞으로 다가올 사랑하는 사람과의 이별을 가슴 아파하고, 과거 어머니와의 이별을 애도합니다. 그리고 때때로 세상의 잔혹함, 비열함, 살인과 같은 고통을 위해 눈물을 흘립니다. 내 개인적인 상실과 주변의 죽음 말고도 이 세상에는 함께 애도하고 슬퍼해야 할 일이 참 많습니다.

한참을 울면서 이런 깊은 감정을 표출하고 나면 나는 위안을 얻습니다. 내가 이런 감정을 표현할 수 있다는 것에서, 다시 말해 이런 감정이 존재하며, 이런 감정을 밖으로 끄집어낼 수 있다는 것에서 나는 위안을 얻습니다. 이렇듯 내 감정은 나를 약하게 만들기는커녕 오히려 강하게 만듭니다.

 이런 식으로 마음껏 슬퍼하고 나면 하루를 마주하기가 훨씬 쉬워집니다. 가족, 친구들과 함께 해야 할 일을 하기가 한결 수월해집니다. 어떤 일이든 기꺼이 받아들이고 좋아하며 즐기게 됩니다.

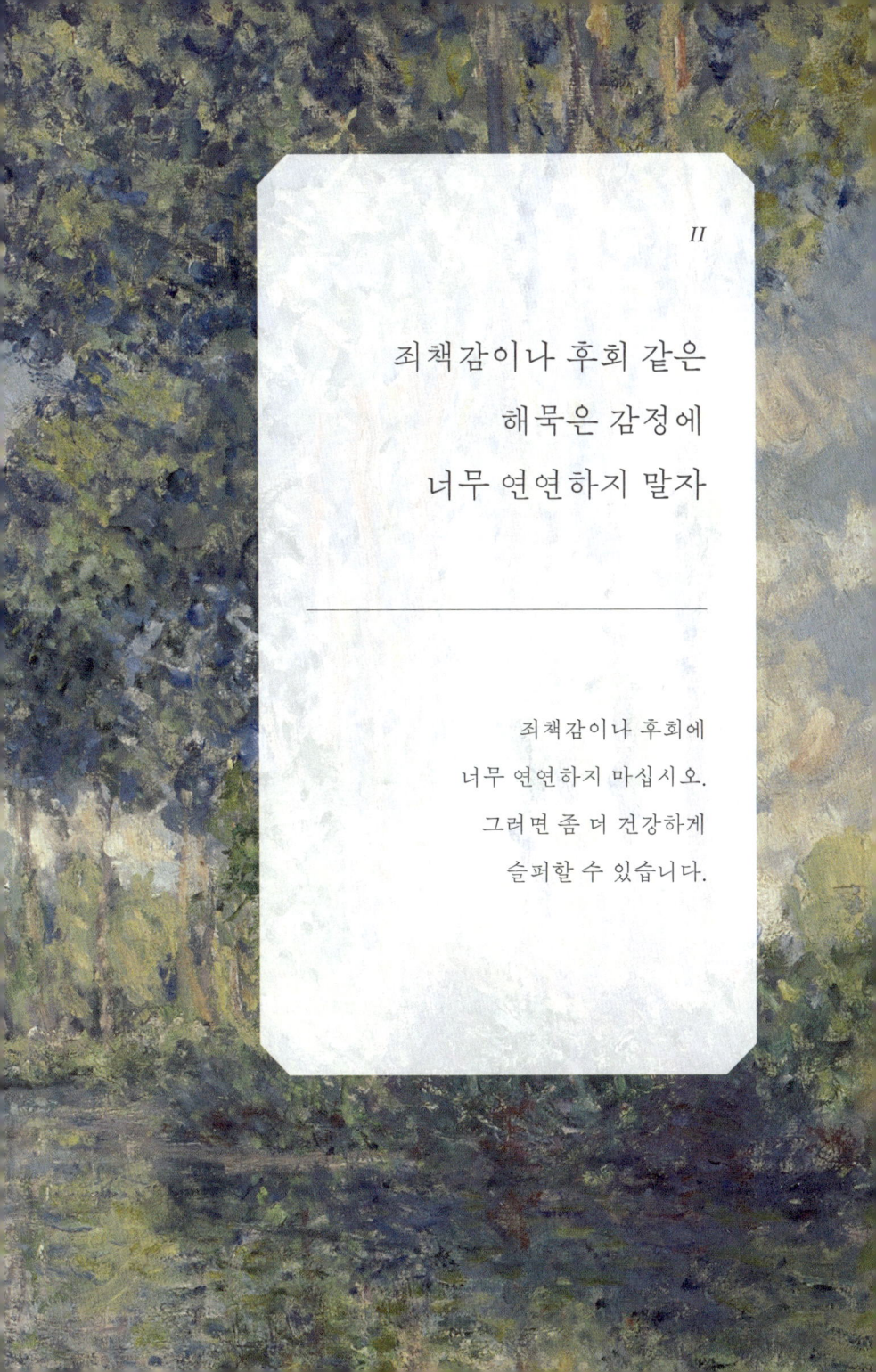

II

죄책감이나 후회 같은
해묵은 감정에
너무 연연하지 말자

죄책감이나 후회에
너무 연연하지 마십시오.
그러면 좀 더 건강하게
슬퍼할 수 있습니다.

무겁고 우울하게 만드는 슬픔과 카타르시스를 안겨주는 슬픔 사이에는 어떤 차이가 있을까요?

온전히 씻어내지 못한 죄책감은 마음껏 슬퍼하는 과정을 방해할 수 있습니다. 무의식 속에 분노의 응어리가 쌓여 있거나 슬퍼하는 대상과 제대로 매듭짓지 못한 문제가 남아 있으면 자꾸 후회에 사로잡히게 됩니다. 그러면 순수하게 상실감이나 사랑하는 마음으로 슬퍼할 때만큼 '생산

적으로' 슬퍼하지 못할 수 있습니다.

　자신에게 죄책감이나 후회 같은 해묵은 감정이 있더라도 거기에 너무 연연하지 마십시오. 그러면 좀 더 건강하게 슬퍼할 수 있습니다.

　그럼 울 때는 혼자 울어야 할까요? 아니면 다른 사람 앞에서 울어도 괜찮을까요?

　우리는 남들에게 우는 모습을 보이는 걸 창피해합니다.

　"아냐, 이러면 안 돼. 난 다 큰 어른이잖아. 이건 올바른 행동이 아니야."

　또는 다른 사람까지 슬프게 만들까봐 우는 모습을 숨깁니다. 아니면 자신을 나약하고 부족한 사람으로 여길까봐 두려워서 우는 모습을 안 보이려 합니다.

　누가, 특히 사랑하는 사람이 내가 우는 모습을 지켜보고 있으면 마음이 편치 않은 게 사실입니다. 그러나 나는 슬퍼하는 사람이 있으면 마음껏 슬퍼할 수 있게 격려하라고 친구들과 가족에게 조언합니다.

　울고 있는 사람을 대하는 가장 좋은 방법은 함께 동조해주고 공감해주는 것입니다. 이렇게 말하며 격려해주세요.

"괜찮아요. 내가 옆에 있어줄게요."

"울음이 그칠 때까지 필요한 게 있으면 뭐든 말해요. 그리고 더 울고 싶으면 또 울어도 괜찮아요."

슬플 때 찾아온 사람이나 가족, 친구에게 애써 감정을 감추려들지 마십시오. 그럴 때는 이렇게 말하면 됩니다.

"난 지금 슬프고 이 감정을 받아들이는 중이에요. 당신도 그래주면 좋겠어요. 현실을 부정하지는 말자고요. 나랑 함께 울고 싶다면 울어도 돼요. 그러지 않아도 괜찮고. 하지만 내가 운다고 당황하지 않았으면 해요. 이렇게 우는 건 내게 중요한 일이고 울고 나면 훨씬 더 기분이 나아지거든요. 그러니 내가 우는 모습을 보고 오히려 마음 편해하면 좋겠어요."

물론 카타르시스나 위안을 느낀다고 슬픔이 완전히 사라지거나, 운다고 상황이 해결되는 것은 아닙니다. 다만 한동안 마음이 안정되면서 소중한 휴식을 누리게 됩니다.

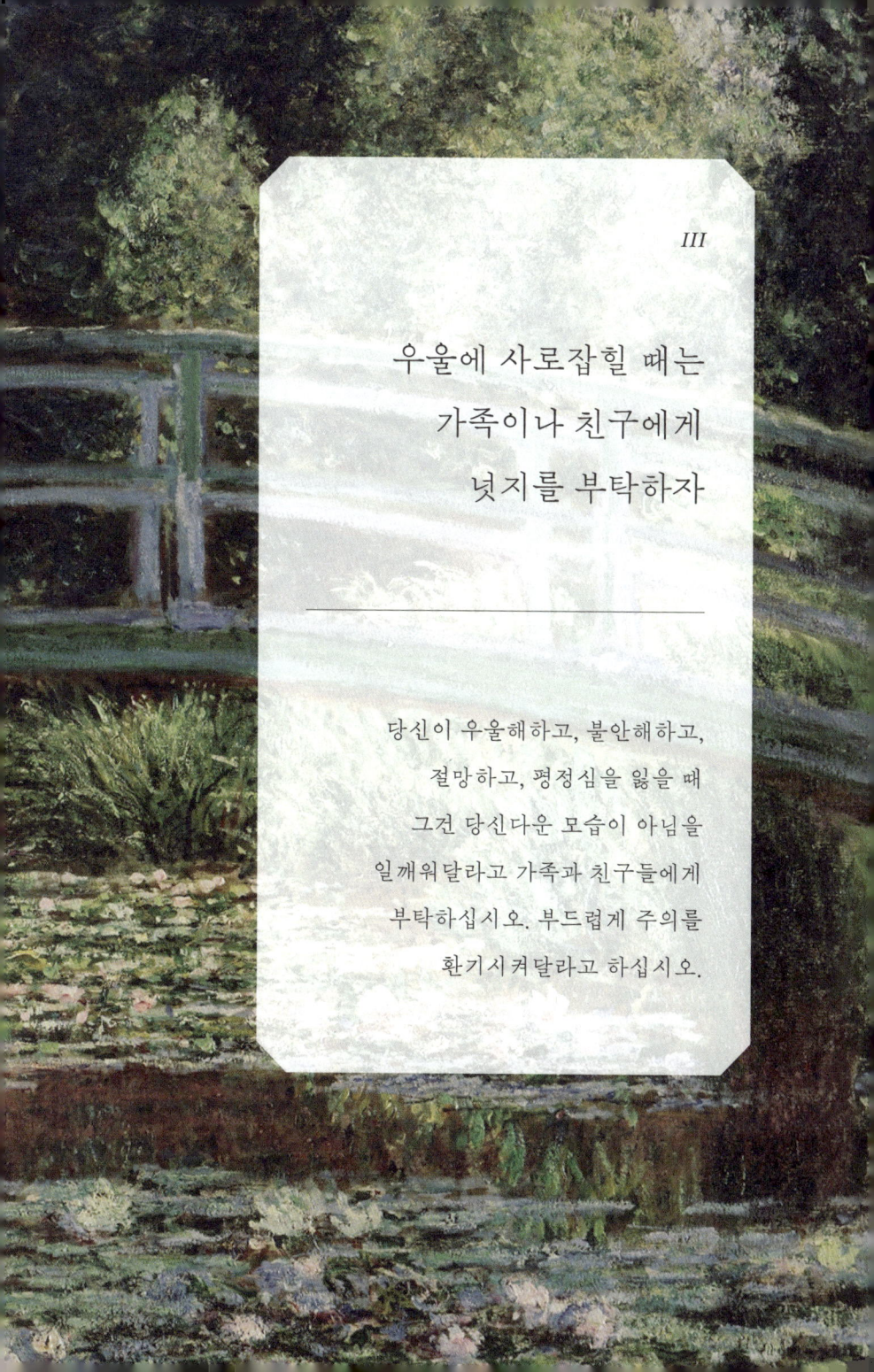

III

우울에 사로잡힐 때는
가족이나 친구에게
넛지를 부탁하자

당신이 우울해하고, 불안해하고,
절망하고, 평정심을 잃을 때
그건 당신다운 모습이 아님을
일깨워달라고 가족과 친구들에게
부탁하십시오. 부드럽게 주의를
환기시켜달라고 하십시오.

우울을 물리치라는 조언은 사람들이 슬퍼하도록 격려하라는 충고와 모순되는 것처럼 보일 수 있습니다. 하지만 누군가의 감정 표출을 방해하거나 억누르는 것과 그 사람이 감정 표현을 바꾸도록 돕는 것에는 엄연히 차이가 있습니다.

때때로 나는 우울해지면 루게릭병이 내 몸을 집어삼키듯 우울감이 내 감정을 잠식합니다. 그럴 때 누군가 슬쩍 이렇게 넛지nudge(주의 환기, 부드러운 개입)를 해주면 큰 도움이 됩니다.

"이봐요, 모리. 전에 당신이 기분이 안 좋아 보이면 일깨워달라고 했잖아요. 지금 그래주고 싶은데 괜찮아요? 싫다면 안 할게요."

어떤 식으로든 침울한 기분을 밝게 만들어보십시오. 이런 주의 환기는 내면의 혼란을 잠재우고 고통으로부터 한발짝 물러날 수 있게 해줍니다.

좀 더 간접적인 방법도 있습니다. 예를 들어 친구가 당신이 우울해하는 것을 보았다고 해봅시다. 친구는 당신 주의를 딴 데로 돌리게 해주거나, 가만히 포옹을 해주는 것 같은 행동으로 당신 기분을 나아지게 해줄 수 있습니다. 또는 당신이 자신에게 정말 소중한 사람이라고 말해주거나, 농담이나 웃긴 이야기를 해줄 수도 있습니다. 우울한 기분을 없애주기 위해 친구들과 가족이 할 수 있는 일은 얼마든지 많습니다.

우울증에서 벗어나는 과정은 간단하지 않습니다. 이는

우울증이 얼마나 깊은지, 원인이 무엇인지, 얼마나 오래되었는지, 얼마나 자주 반복되는지, 우울증을 물리치는 자기만의 방법이 있는지 등에 달려 있습니다. 사람마다 천차만별입니다. 특히 임상 우울증은 떨쳐내기가 매우 어려워 전문가에게 도움을 받아야 합니다.

여기서 내가 하는 조언은 극심한 고통, 상실, 소중한 대상과의 단절처럼 일상에서 일어나는 일에 대해 반응하는 반응성 우울증을 겪는 사람들을 위한 것입니다. 만성 질병이나 불치병에 걸리면 당연히 우울해집니다. 이를 극복하기 위해서는 가족과 친구들의 지원이 꼭 필요합니다.

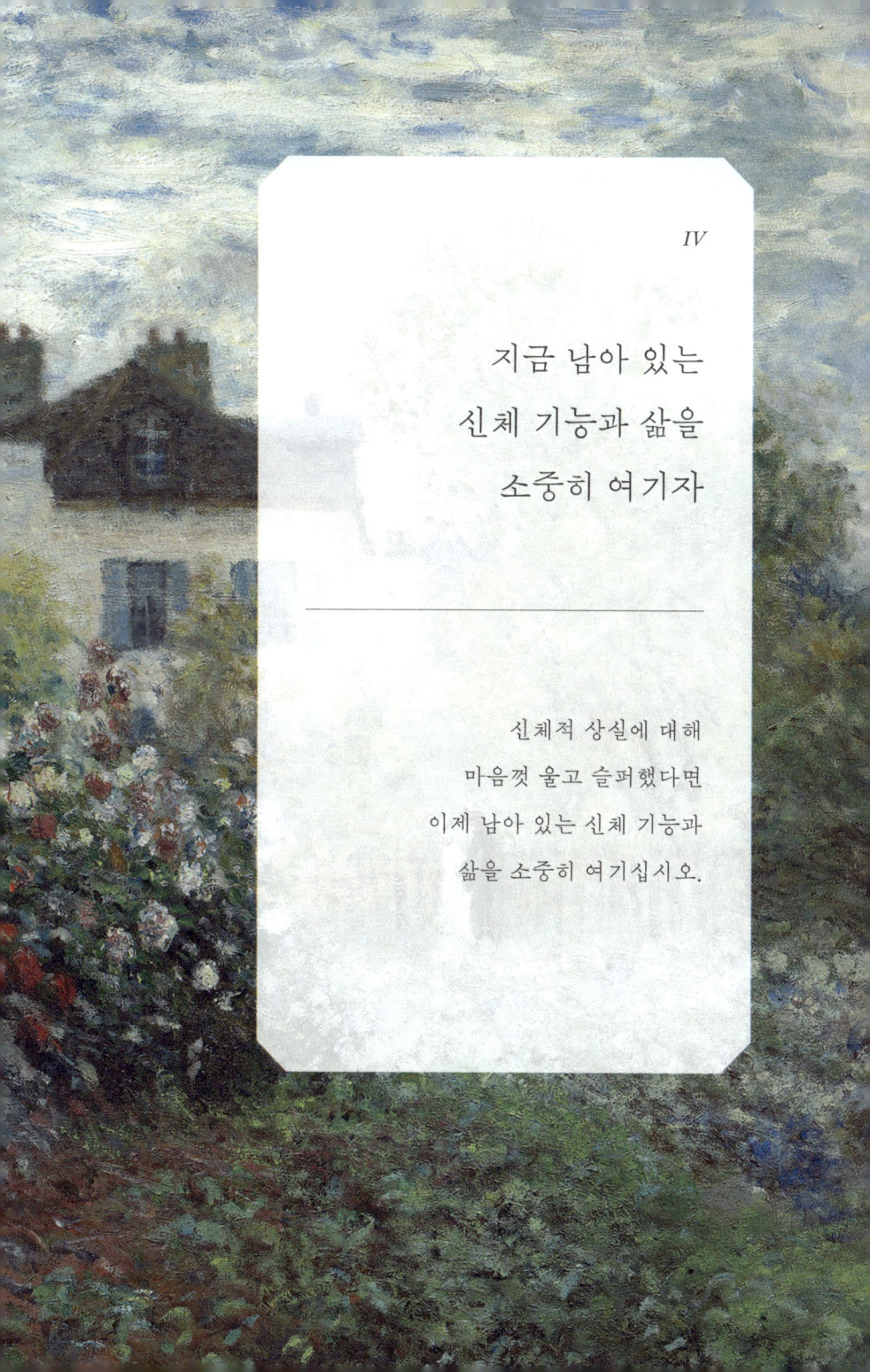

IV

지금 남아 있는 신체 기능과 삶을 소중히 여기자

신체적 상실에 대해
마음껏 울고 슬퍼했다면
이제 남아 있는 신체 기능과
삶을 소중히 여기십시오.

슬퍼하기는 한 바퀴 원을 도는 것과 같습니다. 슬퍼하기를 겪고 나면 상실을 받아들이고 현실로 돌아가 지금의 인생을 소중하게 여기는 지점에 도달하게 됩니다.

그런데 애도의 대상이 당신에게 너무나 대단하고 중요하다면 슬퍼한다고 해서 절대 애도가 끝나지는 않습니다. 나는 시간이 지날수록 덜 자주 그리고 덜 깊이 애도합니다. 그렇다고 슬퍼하기를 피하거나 멈추는 것이 내 목표는 아닙니다. 슬퍼하기는 감정 표출을 위한 건강한 배출구로 활용되어야 합니다.

자기연민과 슬퍼하기의 차이를 아는 것이 중요합니다.

"왜 하필 나지? 신은 왜 나한테 이런 일이 벌어지게 한 거야?"

이렇게 말한다면 자기연민입니다.

반면에 이렇게 말한다면 내 슬픔을 인정하는 것입니다.

"나한테 끔찍한 일이 일어났어. 너무 슬프고 괴로워."

자기연민은 슬퍼하기의 과정에서 보면 시작 단계일 수 있습니다. 그러나 슬픔과 기쁨이 공존하는 평범한 삶과 연결되기 위해서는 자기연민을 넘어서야 합니다(다음 장에서 다루는 내용이 슬픔 받아들이기로 나아가는 데 도움을 줄 것입니다).

내가 이 병에 왜 걸렸는지, 이 병이 어디서 왔는지, 신이 이 병과 관련이 있는지 누가 알 수 있을까요? 대신에 이를 현실로 받아들이고 내가 소중한 것을 잃어가고 있음을 인정해보십시오. 그러면 나의 잃어버린 기능을 애도할 수 있습니다. 내가 죽음으로 가는 길에서 무척 멀리까지 왔다는 사실을 애도할 수 있습니다.

 나는 사랑하는 사람들을 잃는 것을 슬퍼합니다. 바로 이런 상실에 대한 슬픔과 애도가 유한한 삶의 본질을 잘 드러내 보여줍니다.

 슬픔으로 이런 삶에 경의를 표하고 나면 내가 빼앗긴 것에 대해 곱씹기를 멈출 수 있습니다. 그리고 나를 돕는 사람들과 사랑하는 가족과 친구들을 비롯해 내가 지금 가진 것에 소중함과 감사함을 느끼게 됩니다.

Chapter

4

있는 그대로
나를 받아들이자

I

내가 언젠가는
장애와 죽음에 이른다는
사실을 받아들이자

몸의 고통과 균형을 맞추기 위해
마음의 평화를 키우십시오.
매 순간 자신이 놓인 상황을
있는 그대로 받아들이는 법을
배우는 것으로 시작해보십시오.

자기 현실을 받아들이는 일은 생각보다 어렵습니다. 왜일까요? 우리의 공통된 운명인 죽음을 받아들이기를 사람들이 기본적으로 거부하기 때문입니다.

우리는 모두 언젠가 죽습니다. 하지만 우리는 죽음을 부정하거나, 죽음으로부터 도망치거나, 자신에게는 죽음이 찾아오지 않을 것이라는 비합리적인 생각을 하는 경향이 있습니다.

죽음의 불가피성을 받아들이면 불치병이나 장애를 초래하는 질병에 맞서기가 좀 더 쉬울 수 있습니다.

우리는 흔히 우리가 모든 것을 바꿀 수 있으며, 뭐가 잘못되든 과학기술이 해결해줄 것이라는 생각을 하곤 합니다. 그래서 이런 신조를 고수하죠.

"내가 원하는 대로 되지 않는다면 고칠 방법을 찾아낼 거야."

보통 상황에서는 이런 신조가 적합합니다. 당신의 상태를 더 좋게 바꿀 수 있다면 그렇게 해도 됩니다.

그러나 회복이나 치유가 당신 선택지에 없다면 어떨까요? 이럴 때는 받아들임이 중요합니다.

20년 후에는 루게릭병 치료법이 나올지도 모릅니다. 하지만 어쨌든 지금은 치료제가 없으니 나는 장애와 죽음에 이르는 병에 걸렸다는 사실을 받아들여야 합니다. 많은 실험이 진행되고 있지만 앞으로 2주 안에 엄청난 기적의 치료제가 나올 리 만무하겠죠. 그걸 기대한다면 나는 지금 내 현실을 받아들이기 너무 힘들 것입니다.

진실을 명확하게 보려면 현실적으로 문제에 접근하는 것이 무척 중요합니다. 그런 다음에야 자신이 처한 상황을 바꿀 수 있는지 없는지 판단할 수 있습니다. 바꿀 수 없다고 판명 나면 그 사실을 받아들여야 합니다. 그러지 않으면 헛된 희망을 품고 몸부림치다가 늘 좌절하며 살아가게 됩니다.

현실 받아들이기는 단번에 일어나지 않습니다. 나도 인정했다가 부정하기를 반복했습니다. 루게릭병에 걸렸다는 사실을 인정하고도 마음이 흔들렸고, 그러다가 다시 인정했습니다. 오락가락했죠. 한동안 그러고 난 후 불신과 거부가 줄어드는 지점에 이르렀고, 마침내 이렇게 말할 수 있었습니다.

"그래, 이게 현실이야."

자신의 처지를 완벽하게 받아들일 수 있는 사람이 있는지는 모르겠습니다. 그러나 나는 이제 현실을 편안하게 받아들이는 수준에는 도달했습니다.

이처럼 받아들이기에는 시간에 따른 단계가 있음을 알

고 있어야 합니다. 받아들임은 시간이 흐를수록 점점 강해져 마침내 있는 그대로 다 받아들이게 됩니다.

II

다른 사람의
보살핌을 수용하고
더 나아가 즐겨보자

어느 때는 의존적인
아이처럼 되고,
어느 때는 독립적인
어른이 됩니다.

모든 사회는 개개인이 완전히 의존적인 상태에서 더 독립적인 상태로 변모해가는 것을 이상으로 삼습니다. 이를 성장이라 부르죠. 우리는 부모님이 우리를 돌봐주고 충분히 독립적인 길을 갈 수 있도록 이끌어줄 것이라고 신뢰합니다.

심각한 질병은 환자의 독립성을 어느 정도 앗아갈 수 있습니다. 하지만 타인에게 의존하는 것과 어린아이처럼 되는 것을 혼동해서는 안 됩니다.

중요한 것은 우리 대부분이 독립성과 의존성을 동시에 갖고 있어서 적절히 균형을 유지하고 있다는 점입니다. 우리의 목표는 둘 사이의 균형이지 어느 하나를 삶에서 완전히 배제하는 것이 아닙니다.

나는 투병 초기에 의존성을 받아들여야 한다는 사실을 깨달았습니다. 그러지 않으면 할 수 있는 것이 없을 테니까요. 나는 더 나아가 생각했죠.

"도움을 그냥 받아들이는 데 그치지 말고 만끽해보자. 남에게 의지하는 즐거움을 누려보는 거야."

한창 어머니의 손길이 필요했던 대여섯 살 때 어머니가 매우 편찮으셨죠. 이 때문에 내게는 여전히 보살핌을 받고 싶다는 갈망이 숨어 있었던 것 같습니다. 그래서 사람들이 나를 도와줄 때 나는 보살핌을 즐깁니다.

III

부정적인 감정을 인정하면 긍정적인 감정의 가치가 이해된다

어느 시점에서 완전히 모순된
감정을 다룰 준비를 하십시오.
살고 싶은 마음과 죽고 싶은 마음,
사랑하는 마음과 싫어하는
마음이 한데 뒤엉킵니다.

내가 느끼는 많은 감정이 두 가지 반대 측면을 가지고 있다는 사실을 깨닫습니다. 이것을 나는 '상반된 긴장 상태'라고 부르는데, 우리는 실제로 많은 것에 대해 양면적 감정을 느낍니다.

일부 부정적인 감정은 우리를 너무 불편하게 만들기 때문에 잘 인지하지 못합니다. 예를 들어 우리는 누군가를 매우 사랑한다고 기꺼이 말하지만 동시에 그 사람이 조금은 미울 때가 있죠. 그런데 이런 부정적인 감정은 좀처럼 인정하려들지 않습니다.

나 역시 어머니를 너무나 사랑하면서도 동시에 원망했습니다. 병이 들어 돌아가신 게 어머니 잘못이 아닌데도 나를 두고 떠난 어머니에게 화가 났죠. 어머니에 대한 이런 부정적인 감정을 똑바로 마주하기가 쉽지 않았어요.

누구와든 완전히 순수한 관계를 맺는 사람은 없으리라 생각합니다. 인간관계에는 항상 부정적 요소가 끼어들기 마련이고 그것이 불쾌한 감정을 불러일으키죠. 그런데 이 부정적 감정을 우리는 직시해야 합니다. 그러지 않으면 분노와 고통에 시달릴 수 있습니다.

아버지에 대한 부정적인 감정을 받아들이고 나서야 나는 아버지에 대한 긍정적인 감정의 가치를 온전히 이해할 수 있게 되었습니다. 아버지는 제대로 교육받지 못했고 야망이 전혀 없었죠. 난 우리 가족이 가난한 건 아버지 책임이 크다고 믿었어요. 그러나 나는 아버지를 용서했고 가난이 아버지 때문이기는 해도 아버지의 잘못은 아니라고 인정하기 시작했죠.

 부정적인 감정을 인정하고 나자 긍정적인 감정을 더 잘 인식할 수 있게 되었습니다. 내 머릿속에는 아버지가 아주 다정하고 낙천적인 사람이라는 좋은 기억이 있었어요. 나의 유머 감각과 삶을 즐기는 태도는 아버지한테 물려받은 것이었죠. 아버지는 현재를 즐길 줄 아는 분이었습니다. 그런 면에서는 아주 탁월했죠. 아버지는 내일을 걱정하지 않았습니다.

 가장 근본적인 모순된 감정은, 특히 중병에 걸렸을 때 살고 싶은 마음과 죽고 싶은 마음 사이의 갈등이 아닐까 싶습니다.

 가끔 침대에 누워 보살핌을 받고 싶을 때가 있습니다. 꼼짝도 하기 싫을 때가 있죠. 이런 감정은 걱정할 필요가 없습니다. 그런데 여기서 더 극단으로 치달으면 침대에 누워 그냥 죽고 싶다는 생각이 들기 시작합니다.

 가끔은 삶을 포기하고 싶을 수도 있습니다. 하지만 중요한 점은 늘 그런 기분이 들지는 않아야 한다는 것입니다.

죽고 싶은 생각이 들 때면 스스로 물어보십시오.

"난 영원히 죽고 싶은 걸까, 아니면 지금 이 순간만 그런 걸까?"

만약 지금 이 순간만 그렇다면 잠깐 그런 환상에 빠지면 안 될 이유가 어디 있겠어요? 하지만 늘 그런 생각이 들고, 삶의 의욕이 없고, 늘 침대에 누워 의존적으로만 생활하고 싶다면 우울증일 수 있습니다. 이럴 때는 전문가의 상담이 필요합니다.

정반대되는 감정이 번갈아드는 것은 정상입니다. 지금은 이 감정이 우세했다가 나중에는 다른 감정이 우세해지죠. 그리고 대부분의 시간을 지배하는 감정이 우리의 마음 상태를 결정합니다.

모순된 감정을 받아들이는 데 도움이 될 만한 이야기가 있습니다.

한 부부가 랍비를 찾아갔습니다. 남편이 자기 입장에서 상황을 설명하자 랍비가 대답했습니다.

"당신 말이 맞습니다."

이어서 아내가 자기 입장에서 상황을 설명했고, 이번에도 랍비는 대답했습니다.

"당신이 옳습니다."

남편이 다시 물었습니다.

"아니 랍비님, 둘 다 옳다는 게 말이 됩니까? 아내도 옳고 저도 옳다고요?"

그러자 랍비가 대답했습니다.

"그 말도 맞습니다."

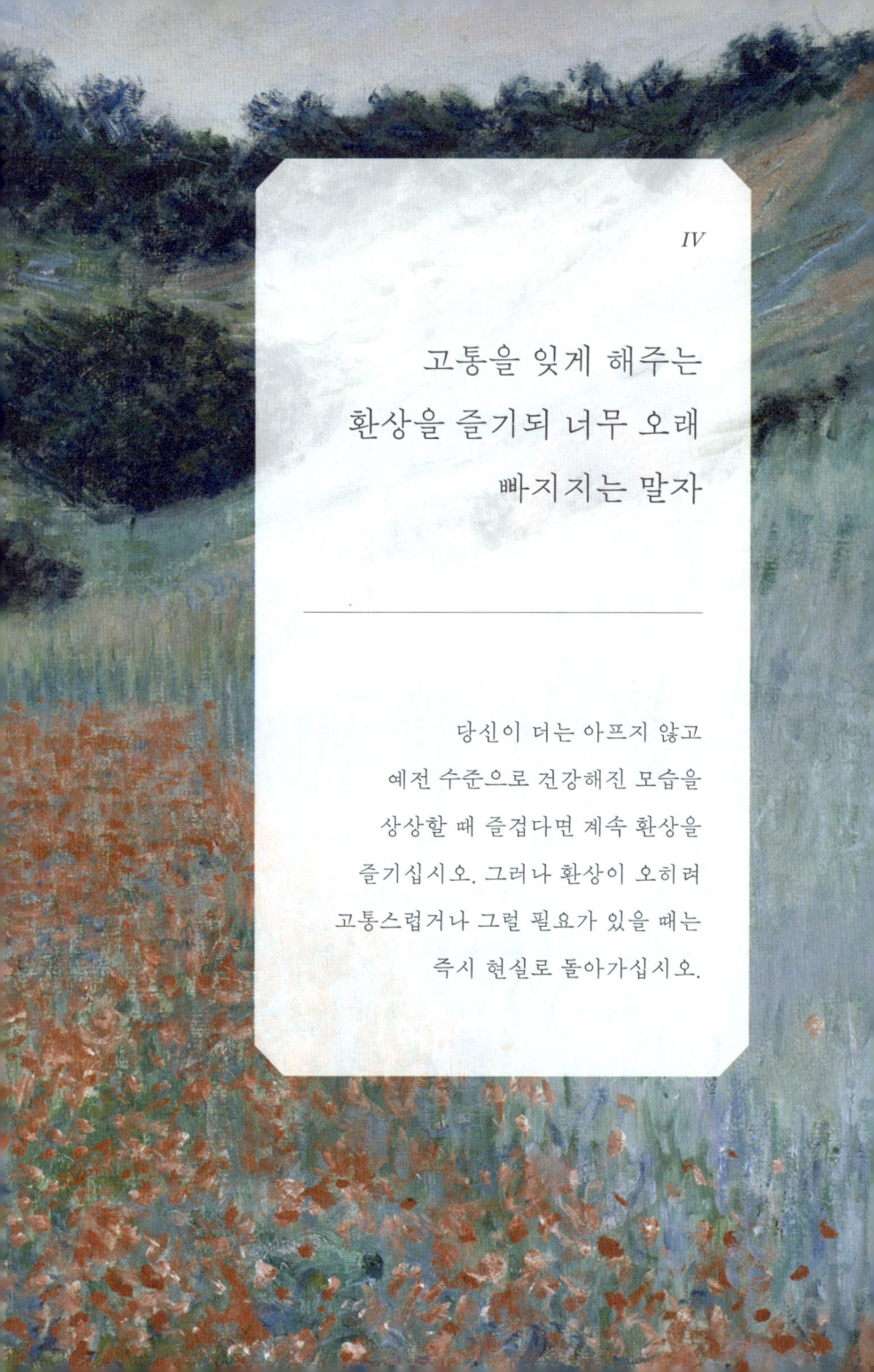

IV

고통을 잊게 해주는 환상을 즐기되 너무 오래 빠지지는 말자

당신이 더는 아프지 않고
예전 수준으로 건강해진 모습을
상상할 때 즐겁다면 계속 환상을
즐기십시오. 그러나 환상이 오히려
고통스럽거나 그럴 필요가 있을 때는
즉시 현실로 돌아가십시오.

나는 환상이 좋다고 생각합니다. 현실 속 고통을 벗어날 수 있다면 마음껏 환상을 즐겼으면 좋겠습니다.

어느 날 난 신이 나 힘껏 내달리는 꿈을 꾸었습니다.

"와! 내가 루게릭병에 걸리지 않았잖아!"

황홀했죠. 그러다 꿈에서 깨어났습니다.

가끔 음악을 들을 때 눈을 감고 방안에서 춤추는 내 모습을 상상합니다. 이런 환상은 기쁨을 줍니다. 하지만 잠시뿐이죠.

 너무 오랫동안 환상에 빠져 있지는 마십시오. 그러면 현실에 눈을 떴을 때 서글프고 우울해집니다.

V

받아들임은
수동적 반응이 아니라
능동적 대응 행위다

다시는 예전처럼 몸이 온전해지지
않을 것이란 사실을 받아들이십시오.
더 나빠지기 전 지금 이 순간의
몸 상태를 충분히 즐기십시오.

받아들임은 수동적이 아니라 능동적인 행위입니다. 현실을 부정하지 않고 직시하려고 꾸준히 노력해야 하기 때문입니다.

신앙심이 깊거나 영성이 강한 사람이라면 지금 여기 이 세상에서 벌어지는 일을 받아들이기 더 수월할 수 있습니다. 이 세상은 이른바 다음 세상으로 가기 위한 임시 정류장이라 믿기 때문이죠. 이런 믿음이 없는 사람은 자신의 용기에 더 의존할 수밖에 없습니다.

받아들임은 타고난 재능이 아닙니다. 이것은 학습으로 터득하는 '대응'입니다. 나의 명상 스승님은 반응과 대응의 차이를 명쾌하게 알려주었죠. 뭔가에 대한 최초의 반응은 우리가 통제할 수 없지만 이후 어떻게 대응할지는 우리가 결정할 수 있다고요.

우리는 감정에 휘둘리지 말아야 합니다. 받아들임은 이 역량을 강화하기 위한 첫걸음입니다. 의학적 진단은 바꿀 수 없지만 몸과 마음의 건강을 망가뜨리는 해로운 감정은 막을 수 있습니다.

받아들임은 내가 병에 건강한 감정으로 대응할 수 있는 디딤돌이 되어주었습니다.

Chapter
5

나의
과거를
떠나보내자

I

과거에 매달려 후회하거나 자책하지 말고 현재를 위해 살자

과거를 부정하거나 지우지 말고
그냥 과거로 받아들이십시오. 과거를
회상하되 과거에 머물지는 마십시오.
과거로부터 배우되 자책하거나
두고두고 후회하지는 마십시오.
과거에 얽매이지 마십시오.

현재를 산다는 것은 과거를 거부한다는 말이 아닙니다. 지금 일어나고 있는 모든 일에 대응한다는 뜻입니다.

과거를 생각하고 있으면 그 순간은 감정이 과거에 머물 수밖에 없습니다. 노인이나 중환자 중에는 과거에 매달려 후회로 나날을 보내는 이들이 있습니다.

"이럴 수만 있었더라면."

"그 사람하고 결혼했더라면."

"그 직업을 선택했더라면."

과거에 얽매여 있어봤자 시간 낭비일 뿐입니다. 과거를 돌아볼 때는 이렇게 묻는 편이 낫습니다.

"과거 경험에서 무엇을 배울 수 있을까?"

"거기서 내가 배운 건 무엇일까?"

"지금 내게 얼마나 도움이 될까?"

관계가 불편한 아픈 가족이나 사이가 소원해진 아픈 친구를 돌보게 되었다면 자신과 사랑하는 사람을 위해 과거의 감정을 푸는 것이 무엇보다 중요합니다. 물론 분노와 미운 감정은 어느 한쪽이 병에 걸렸다고 해서 사라지지는 않죠. 하지만 아파서 내가 필요한 사람에게 감정이 좋지 않다면 돌보는 관계는 두 배로 힘들어집니다.

인간관계란 매우 복잡합니다. 그렇지만 사랑하는 사람이 심각한 병에 걸렸다면 지금은 해묵은 과거를 끄집어낼 때가 아닙니다. 상대방이 병에 걸리기 전 해결하지 못한 갈등이 있다면 잠시 접어두십시오. 모든 감정을 완전히 해소한 뒤에야 너그럽고 다정한 간병인이 되는 것은 아님을 명심하십시오.

중요한 점은 과거에 관해 이야기할 때는 환자에게 주도권을 내주어야 한다는 것입니다. 환자 중에는 과거 이야기를 하고 싶어하는 사람도 있고, 어떤 부분만 선택해 이야기하고 싶어하는 사람도 있을 겁니다. 과거에 대해 전혀 이야기하고 싶지 않은 사람도 있을 거고, 제삼자에게 이야기하는 것을 더 편안하게 여기는 사람도 있을 겁니다.

환자는 자신이 병과 싸우기 위해 택한 방식을 배우자나 사랑하는 사람이 지지한다는 사실을 알면 위로받습니다. 과거 이야기를 할 때는 최대한 부드러운 말투로 묻고 환자가 원하는 방식을 따라주십시오.

환자가 원하는 방식이 돌보는 나와 맞지 않을 수 있음을 알고 환자의 선택을 존중해주십시오.

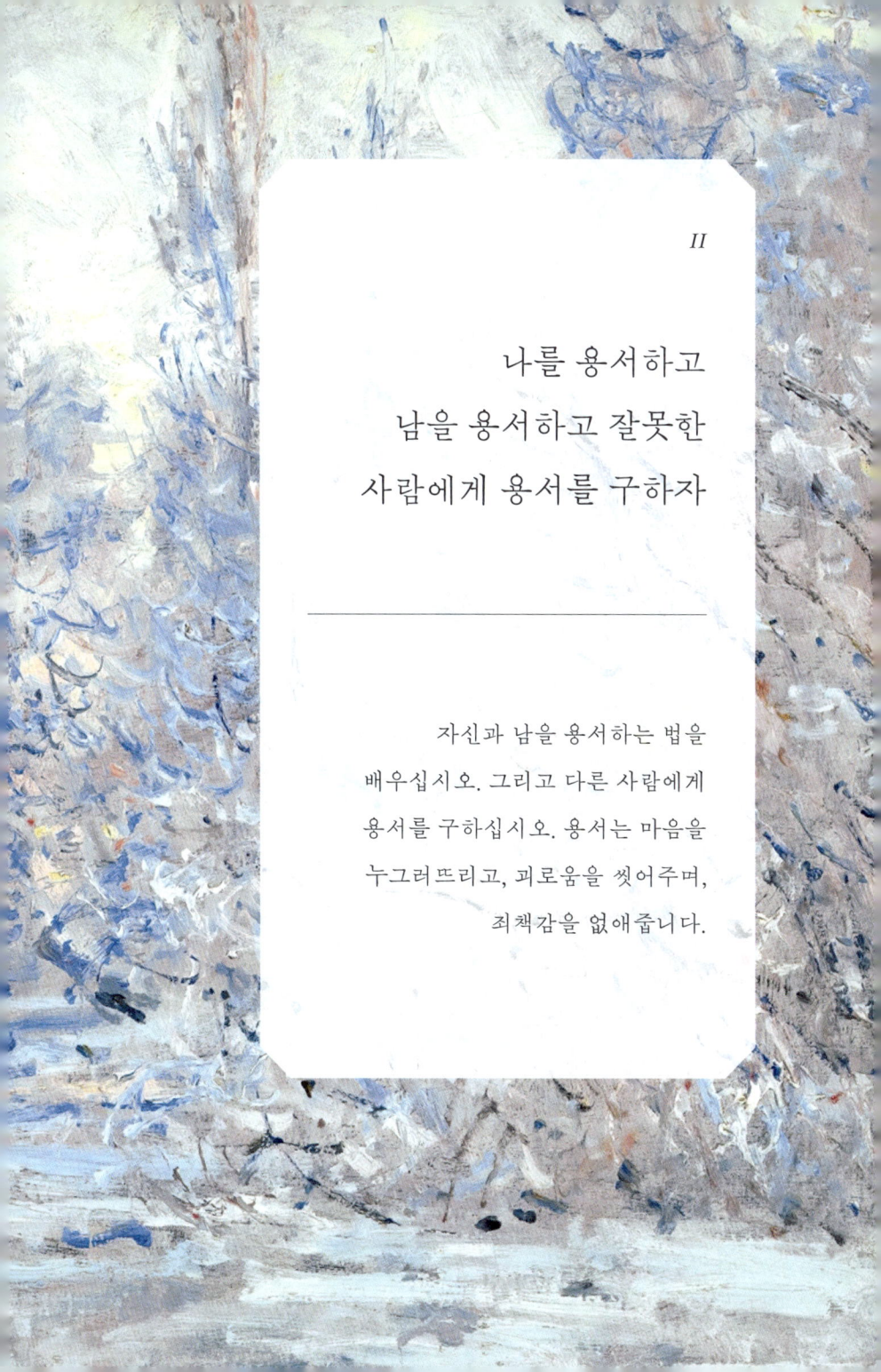

II

나를 용서하고
남을 용서하고 잘못한
사람에게 용서를 구하자

자신과 남을 용서하는 법을
배우십시오. 그리고 다른 사람에게
용서를 구하십시오. 용서는 마음을
누그러뜨리고, 괴로움을 씻어주며,
죄책감을 없애줍니다.

많은 사람이 이루지 못한 일, 해야만 했던 일을 두고 자신에게 너무 가혹하다는 생각이 듭니다.

첫 번째 단계는 해야만 했던 일을 하지 않는 자신, 해서는 안 될 일을 저지른 자신을 용서하는 것입니다. 이런 죄책감에서 벗어나십시오. 부정적인 감정은 이로울 게 전혀 없기 때문입니다. 부정적인 감정을 다스리는 길은 나와 남을 용서하는 것입니다.

용서란 참 어렵습니다. 과거에 했던 행동을 후회하는 것을 포함해 사과하는 것만으로는 용서가 되지 않기도 하죠. 할 수 있다면 잘못을 바로잡고 싶지만 더 이상 할 수 있는 일이 없을 때도 있습니다.

하지만 다른 사람과 화해할 수 없을 때조차 스스로 이렇게 말해보십시오.

"그래, 내가 잘못했고 그러지 말았어야 했어. 이젠 그런 나쁜 행동을 한 나를 용서하고 싶어."

용서는 과거를 받아들이는 데 도움을 줍니다. 나는 나를 용서하는 법을 배운 덕분에 이제는 깊은 후회에 시달리거나 과거의 슬픔에 빠져 있지 않습니다.

나는 지난 20년 동안 과거 어떤 동료에게 비열하게 군 일 때문에 괴로운 마음으로 지냈습니다. 우리는 한 조직에 몸담고 있었는데 나는 그와 함께 조직을 이끌고 싶지 않아서 그에게 몰인정하게 대했죠. 옳지 않은 짓을 한 나는 오랫동안 죄책감을 안고 살아야 했습니다.

최근에 다시 만났을 때 나는 그에게 다가가 말했습니다.

"지난 20년 동안 마음의 짐을 짊어지고 살았어. 자네에게 했던 말이나 행동에 대해 진심으로 사죄하네. 자네에게 용서를 구하고 싶어."

그러자 그가 대답했습니다.

"괜찮아. 언젠가 내가 낙심하고 침울해 있을 때 자네가 나를 감싸안고 위로해줬잖아."

그의 너그러운 태도에 안도감이 들면서 절로 눈물이 흘렀습니다.

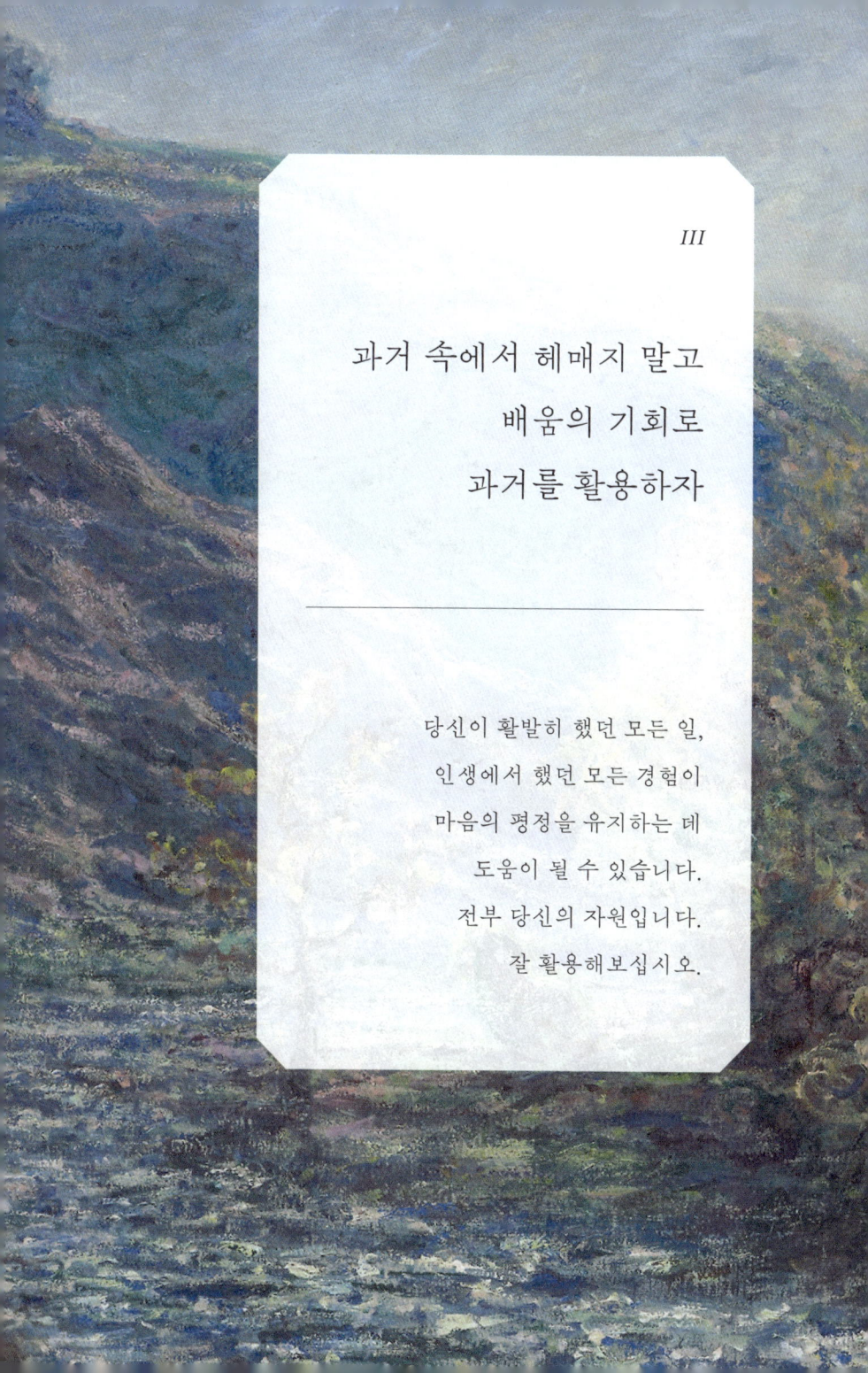

III

과거 속에서 헤매지 말고 배움의 기회로 과거를 활용하자

당신이 활발히 했던 모든 일,
인생에서 했던 모든 경험이
마음의 평정을 유지하는 데
도움이 될 수 있습니다.
전부 당신의 자원입니다.
잘 활용해보십시오.

과거를 활용하는 것과 과거 속에서 헤매는 것은 완전히 다릅니다.

내가 예전에 못된 사람을 만나서 나도 똑같이 못되게 굴었던 적이 있지만 지금은 그런 식으로 행동하고 싶지 않다고 해봅시다. 나는 이제 그때의 경험을 살려 누가 나를 기분 나쁘게 하면 다른 식으로 대응할 수 있습니다. 마음에 들지 않았던 대응 방식을 바꿀 수 있는 거죠.

과거를 돌아보며 우리는 성공한 경험에서는 장점을 취하고 실수한 경험에서는 자책하는 일 없이 배울 점만 취할 수 있습니다.

지금이야말로 바로잡을 것은 바로잡고, 후회는 던져버리고, 찜찜한 관계는 풀고, 끝나지 않은 일은 매듭짓기에 가장 좋을 때입니다.

Part
2

내가 정말 살고 싶은
삶을 향해 나아가라

Morrie:
In His Own Words

Chapter

6

삶의
열정을
불사르자

I

내가 누구인지 알고
자신이 원하는 일에
열정적으로 몰두하자

흥미롭고, 중요하고, 관심 있는 것에
집중하고 몰두하십시오.
열정적으로 빠져드십시오.

인생을 마치 꿈속을 거닐 듯 아무런 열정 없이 살아가는 사람들이 있습니다. 하지만 우리 대부분은 그렇지 않습니다. 나는 누구나 뭔가에 열정적으로 몰두할 수 있는 잠재력을 지녔다고 믿습니다.

열정이 느껴지지 않는다면 흥미가 당기는 일이 무엇인지 가만히 생각해보십시오. 당신은 무엇에 정말 관심이 갑니까? 당신 삶의 원동력은 무엇입니까? 당신은 누구입니까?

나는 내게 중요한 것이 무엇인지 알아냄으로써 어느 정도 선명한 자아상을 만들어왔습니다. 그러기 위해 내게 주어진 모든 조건은 걷어내고 현실을 있는 그대로 보기 위해 노력합니다. 사회의 조건화된 대응과 그로 인한 결과 너머를 봐야 있는 그대로의 현실, 진정한 나를 알게 됩니다.

나무의 본질은 무엇일까요? 인간의 본질은 무엇일까요? 어떤 면에서 이것은 풀 수 없는 미스터리와 같습니다.

당신 자신의 본질은 무엇일까요? 자신을 생각할 때 당신은 누구일까요? 지금껏 연기한 모든 역할이 당신일까요? 아니면 그 역할 이상이 당신일까요? 당신은 가족 구성원, 직장 구성원을 비롯한 그 모든 역할 외에 또 어떤 존재일까요?

저명한 사회학자이자 사회심리학자인 어빙 고프먼Erving Goffman은 자아를 한 꺼풀씩 벗기다보면 결국에는 아무것도 남지 않는 양파와 같다고 말했죠. 해체주의자들도 존재의 본질에 대해 똑같이 말합니다.

그러나 나는 이런 말을 믿지 않습니다. 대신에 우리 모두에게는 핵심 자아가 있다고 믿습니다. 그리고 자신이 누구인지 잘 알수록 세상에 더 적극적으로 참여할 수 있다고 믿습니다.

이렇듯 우리 각자는 개별적이고 고유한 자아를 지녔습니다. 하지만 동시에 이 자아는 공동체나 타인과의 관계 안에서만 궁극적으로 의미가 있습니다.

II

심지어 죽어가는 중이라도 자신의 쓸모를 찾고 목표를 세우자

자신이 쓸모없다고 생각하려는
유혹에 빠지지 마십시오.
우울증만 생길 뿐입니다.
자신의 목표와 쓸모를 찾으십시오.

병을 앓을 때 가장 큰 위험 중 하나는 삶의 목적을 잃어버리는 것입니다.

"난 대체 뭘 하는 거지?"

"난 왜 여기 있을까?"

"그저 하루하루 연명할 뿐인가?"

삶의 목적이 없으면 우울해지고 아침에 왜 눈을 떠야 하는지 의심하기 시작합니다.

신문 기사 스크랩하기처럼 아주 사소하더라도 스스로 목표를 설정하는 것이 매우 중요합니다. 또는 읽고 싶은 책을 읽는 계획도 괜찮습니다. 여건이 되면 손주 돌보기처럼 좀 더 큰 목표를 세우는 것도 좋습니다.

목표가 클수록 적극적으로 살아가려는 동기가 더 커집니다. 심지어 죽어가는 중이라 할지라도요.

나는 내 인생에 의미를 부여하는 데 도움이 되는 몇 가지 목표를 가지고 있습니다. 가장 우선인 목표는 가족과 친구들을 사랑과 친밀감으로 따뜻하게 대하기입니다. 책 읽기도 목표입니다. 음악 듣기도 있죠.

아프다고 해서 목표를 가질 수 없다고 생각하지 마십시오. 목표를 세우고 이루기 위해 노력하십시오. 아무리 보잘것없어 보이는 목표라도 상관없습니다. 언젠가는 하고 싶어도 할 수 없는 순간이 올 테니까요.

내가 할 수 있는 일이 고작 침대에 누워 있는 게 전부일 때가 찾아올 겁니다. 하지만 그전까지는 최대한 활동적으로 살아가고자 합니다.

나는 마음의 평화 속에서 죽기를 원하는 이들에게 영감을 주는 사람이 되고 싶습니다. 말할 수조차, 움직일 수조차 없는 때가 오더라도 나는 이 목표 하나는 이룰 수 있을 것입니다.

III

사람들과 더불어 살고
사람들을 도울
기회를 찾자

뭔가에 몰두하거나
관심 분야를 바꾸기에
너무 늦었다고
단정하지 마십시오.

시작하기에 너무 때늦은 일이 있을 수 있습니다. 하지만 다른 뭔가에 몰두할 기회는 늘 있습니다.

나는 오랫동안 대학에서 학생들을 가르쳤지만, 루게릭병이 걸리고 나서 은퇴 생활을 이토록 활발하게 할 줄은 예상하지 못했습니다.

처음에는 나를 위해 이 아포리즘을 쓰기 시작했습니다. 글쓰기는 병으로부터 거리를 두는 방법이자, 평정심을 유지하기 위해 해야 할 일을 상기시키는 방법이었죠. 나는 내게 벌어지고 있는 일들을 파악하고 싶었어요. 내 경험을 객관화하고 병의 진행 과정을 지켜보는 목격자가 되기 위해 나는 관찰한 내용을 적어나갔습니다.

얼마 후 내가 겪는 일을 친구들에게 알리고 싶었습니다. 그래서 친구인 모리Maury와 필리스Phyllis에게 아포리즘의 내용 일부를 보냈죠. 그러자 모리가 가족과 친구 말고 다른 사람들에게도 아포리즘을 공유해보라며 격려했어요.

"많은 도움이 될 거야. 환자뿐 아니라 다른 사람들한테도 말이야."

필리스와 모리는《보스턴글로브》논설위원 앨런 버거Alan Berger에게 나와 내가 쓴 아포리즘에 관한 기사를 실어보지 않겠느냐고 제안했습니다. 앨런은 잭 토머스Jack Thomas에게 연락했고, 잭은 세 차례나 방문해 나를 인터뷰한 후《보스턴글로브》에 기사를 썼습니다.

이 기사를〈나이트라인〉의 선임 프로듀서이자 한때 보스턴에 살았던 리처드 해리스Richard Harris가 읽었습니다.

그는 이 뉴스 프로그램의 앵커인 테드 코펠에게 기사를 보여주었죠. 그리고 내게 전화해 〈나이트라인〉과 인터뷰할 의향이 있는지 물었습니다. 나는 그러겠다고 대답했습니다. 내 메시지를 알리고 싶었거든요.

다음 날 담당자들이 찾아왔습니다. 그들은 장장 8시간에서 10시간 동안 나와 우리 집을 비롯해 나를 간병하는 친구들과 간병인들을 촬영했죠.

1000만 명에게 이야기하는 기분이 어땠을 것 같나요? 1000만 명이라면 내가 여태껏 브랜다이스대학교에서 강의했던 학생 수를 다 합친 것보다 많은 수죠. 내가 하고 싶은 이야기를 그렇게 많은 사람이 들어주니 기뻤고, 더불어 평소의 나와는 다른 사람이 될 수 있어서 행복했습니다.

믿지 않을지 모르겠지만 나는 원래 소심한 성격이어서 대중 앞에 잘 나서지 않습니다. TV 출연은 내게 좋은 경험이었죠. 〈나이트라인〉이 방송된 후 150명가량이 감사 편지를 보내왔다는 소식을 듣고 너무나 기뻤어요.

물론 당신은 나와 처한 상황이 매우 다를 수 있습니다.

나처럼 TV에 출연해 인터뷰하거나 책을 쓸 기회는 없을지 모릅니다. 하지만 사람들과 더불어 살고, 다른 사람에게 도움을 줄 기회는 얼마든지 있습니다.

힘든 하루를 보내고 있는 누군가에게 미소로써 격려하는 것만으로도 그 사람에게 영감을 선사할 수 있습니다.

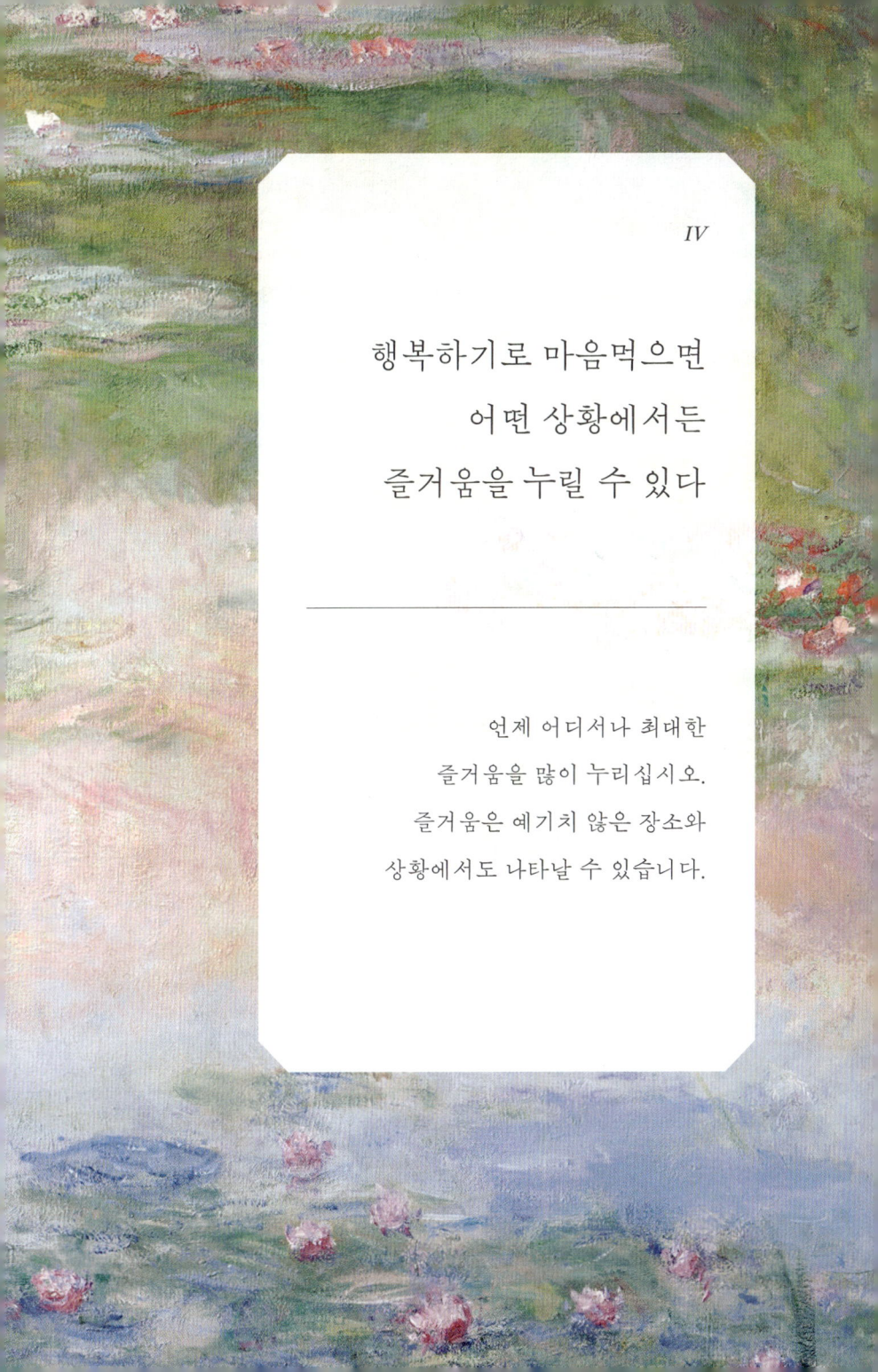

IV

행복하기로 마음먹으면
어떤 상황에서든
즐거움을 누릴 수 있다

언제 어디서나 최대한
즐거움을 많이 누리십시오.
즐거움은 예기치 않은 장소와
상황에서도 나타날 수 있습니다.

행복하겠다고 마음먹으면 실제로 어떤 상황에서든 즐거움을 찾을 수 있습니다.

설거지같이 일상적인 일조차 즐거운 시간이 될 수 있습니다. 세제 거품 방울 색에 감탄하거나, 접시를 보며 가족이나 친구와 함께한 지난 휴일 식사를 떠올리면서 말이죠.

무슨 일을 할 때는 관심을 쏟아붓고, 깊이 생각하고, 의식을 집중하면서 해보십시오. 걱정하거나 초조해하지 말고 주어진 상황에 최선을 다한다는 생각으로 몰입해보십시오.

그러면 지금 하는 일이 그저 따분한 일이 아니라 즐거움과 기쁨의 원천임을 깨닫게 될 것입니다.

Chapter 7

더 따뜻한
관계를 꿈꾸자

I

더 너그럽고 친절하고
다정한 사람이 되기에
너무 늦은 때란 없다

다른 사람을 위해, 특히 자신을 위해
최대한 오래 그리고 넓게
마음을 열어보십시오.
너그럽고, 친절하고,
따뜻한 사람이 되십시오.

이 병을 앓는 동안 나는 6명의 친구를 새롭게 사귀었습니다. 그리고 내가 아프다는 소식을 듣고 연락해온 옛 제자들을 포함해 오랫동안 연락이 끊겼던 사람들과 다시 관계가 이어졌습니다.

외롭다면 새로운 인연을 만들거나 알던 사람에게 다시 연락해보십시오. 아직 늦지 않았습니다. 자신이 과거에는 친근하거나 다가가기 쉬운 사람이 아니었다 해도 충분히 변할 수 있습니다.

 그러나 죽어가고 있다는 사실만으로 더 너그러운 사람이 되지는 않습니다. 이전에 심술궂은 사람이었다면 바뀌려고 노력하지 않는 한 여전히 똑같을 것입니다.

 일단 달라지고 싶다고 마음먹는 것이 시작입니다. 다른 사람과 관계 맺는 방식을 바꿀 수 있는 유일한 방법은 없습니다. 하지만 내가 아는 몇 가지 방법을 소개할 테니 한번 시도해보기 바랍니다.

 우선 어떤 것을 바꾸고 싶은지 파악하십시오. 이때 핵심은 구체적이어야 한다는 것입니다. 예를 들어 심술궂은 성격을 바꾸고 싶을 수 있습니다. 그러면 더 명랑해지거나 외향적인 사람이 되는 것을 목표로 삼을 수 있죠.

 다음으로 이 목표를 달성하기 위해 할 수 있는 일을 확인해보십시오. 예를 들어 이런 말을 더 자주 하는 식으로 간단한 것에서 시작할 수 있죠.

 "반갑습니다."

 "부탁합니다."

"고맙습니다."

만약 목표가 사람들이 더 자주 말을 걸어오게 하는 것이라면 먼저 남의 말을 세심하고 관심 있게 경청하는 사람이 되어야 합니다. 또 사람들이 더 자주 찾아오게 하고 싶다면 당신을 방문하는 것이 더 즐거워지게 만들어야 합니다.

처음에는 어색할 수 있습니다. 특히 시늉만 하거나 내가 아닌 다른 사람을 연기하는 것처럼 느껴지면 더욱 그럴 수 있죠. 그럴 땐 이런 식으로 생각해보십시오.

"내가 심술궂은 사람이라면 그건 그렇게 행동했기 때문이야. 그러니 친절하고 너그러운 사람처럼 행동하다보면 결국 그런 사람이 될 거야."

하지만 자신을 너무 몰아붙이거나 급하게 바뀌려고 애쓰지는 마십시오. 금방 낙담하고 포기할 수 있으니까요. 또한 다른 사람이 당신의 변화를 즉각 알아차리거나 받아들일 것이라고 기대해서도 안 됩니다.

누군가는 당신이 원하는 반응을 보여주지 않을 수도 있습니다. 또 당신과 더 친해지고는 싶지만 다소 시간이 걸리는 사람도 있을 겁니다.

 당신의 변화에 다른 사람이 어떻게 반응하든, 변화의 노력이 얼마나 성공을 거두든 너무 개의치 마십시오. 노력했다는 사실 자체만으로 당신은 이미 더 나은 사람이 되어 있을 것입니다.

II

도움을 주고받을 때는 원하는 것과 필요한 것을 구분하자

원하는 것과 필요한 것의
차이를 구분하십시오.
다른 사람과 연결되기는
음식, 물, 집만큼이나 인간의
생존에 꼭 필요한 것입니다.

병이 진행되면서 나는 점점 더 다른 사람에게 의존할 수밖에 없습니다. 어디를 가려면 누가 휠체어를 밀어주어야 합니다. 또 먹여주고, 씻겨주고, 변기에 앉도록 도와주어야 합니다. 예전에는 나 혼자서 할 수 있고 당연히 내가 해야 하는 것으로 여겼던 모든 일이 이제는 다른 사람의 도움 없이는 할 수가 없습니다.

비록 남에게 의존하는 처지지만 내 정신은 독립적이며

감정은 성숙합니다. 이제 나는 정신의 독립성을 통해 내 자아의 본질을 계속 유지하고 있습니다.

특히 의존이란 맥락에서 다른 사람과 관계 맺는 방법에 대해 말하고 싶은 두 가지가 있습니다.

첫째, 홀로 완전하게 성숙하는 인간은 없다는 점입니다. 우리 사회는, 특히 서양에서는 개인주의를 너무 강조한 나머지 온전한 인간이 되기 전에 공동체의 일원이 되어야 한다는 사실을 인식하지 못합니다. 모든 사람이 각자 자기 자신을 책임지는 공동체나 세상은 없습니다. 우리는 자기만을 위해 살아가는 고립된 유목민이 아닙니다. 예수를 비롯한 위대한 리더들의 말처럼 우리는 "모두 형제자매"입니다.

어릴 적에 우리는 가정과 놀이터에서 공동체 의식을 느낍니다. 하지만 학교에 들어가 경쟁에 내몰리고 다른 사람보다 앞서려고 발버둥 치면서 공동체 의식을 잃고 맙니다. 일터에서도 공동체 의식을 잃기는 마찬가지죠. 한 국가나 조직이 다른 국가나 조직과 경쟁해야 하는 정치 세계 역시 그렇습니다.

온전한 인간이 된다는 것은 공동체 구성원으로서 상호 의존성을 받아들인다는 것입니다. 그러면 남들과 더불어 살아가는 일에서 전과는 다른 태도를 가질 수 있습니다.

둘째, 사람은 도움을 주고받아야 한다는 점입니다. 생각해보십시오. 우리는 도움 요청받기를 좋아하고, 또 기꺼이 도움을 주고 싶어합니다. 누군가를 도우면 좋은 사람이 된 듯한 느낌이 들기 때문이죠. 실제로 좋은 사람이든 아니든 사람이라면 누구나 자기가 좋은 사람이라고 느끼기를 원합니다.

도움을 주고받고 싶다는 욕구는 대단히 강력합니다. 그러니 만약 누군가의 도움을 받아들일 때 당신 또한 그 보답으로 뭔가를 주고 있음을 깨달아야 합니다.

그런데 도움을 받아들일 때는 그것이 필요한 것인지 원하는 것인지 잠시 고민해봐야 합니다. 사람들은 이 두 가지를 혼동하는 경향이 있습니다. 우리는 보통 "새 차가 필요해"라고 말하지만 실은 "새 차를 원해"라는 뜻이죠.

우리에게 진정 필요한 것은 누군가와 사랑하는 관계를 맺거나 전에는 해보지 않은 방식으로 세상을 경험하는 것입니다.

특히 아플 때 필요한 것과 원하는 것을 구분할 줄 아는 것은 매우 중요합니다. 맛있는 음식이나 아이스크림 먹기는 원하는 것입니다. 반면에 화장실 가기는 필요한 것이죠. 필요한 것은 반드시 행동으로 옮겨야 합니다. 반면에 원하는 것은 선택 사항입니다. 원하는 것은 얻지 못하더라도 그럭저럭 지낼 수 있으니까요.

나는 꼭 필요하다고 느끼는 것은 반드시 해달라고 요청합니다. 원래는 무척 내향적이고 요구를 잘 하지 않는 성격이었지만 이제는 그렇지 않습니다. 쓸데없이 고통에 시달리고 싶지 않기 때문입니다.

예를 들어 발이 휠체어 바퀴에 끼어 다리를 움직여야 하면 간병인에게 발을 옮겨달라고 직접 분명하게 말합니다. 너무 덥거나 추워서 온도를 조절하고 싶다면 그보다 덜 다급하게 부탁합니다.

고통에 대해 불교는 흥미로운 관점을 가지고 있습니다. 인생 자체가 고통(괴로움)이며 우리는 고통받을 수밖에 없는 존재라고 말합니다.

그렇다고 불교가 고통에 대해 뭔가를 할 수 있는데도 그냥 고통을 참으라고 가르치는 것은 아닙니다. 고통에서 벗어날 수 있는 길은 명상(깨달음을 얻기 위한 수련)입니다. 불교의 가르침에 따르면 고통이 찾아왔을 때 명상으로 고통의 힘을 줄여서 고통을 다스릴 수 있습니다.

적어도 나는 그렇게 이해합니다.

III

병에 걸렸다고 자책하거나 부끄러워하며 숨기지 말고 솔직하게 이야기하자

이야기를 들어주는 사람에게 자신의
병에 대해 솔직하게 말하십시오.
당신뿐 아니라 듣는 사람도
어려움을 극복하는 데
도움이 될 것입니다.

우리 문화는 병에 대해 매우 부정적인 태도를 조장합니다. 몸이 아픈 것을 나약함이나 결함의 표시인 양 바라봅니다. 그래서 사람들은 병에 걸리는 것을 부끄러워하죠. 특히 중병에 걸리면 죄책감을 느끼고, 심지어 아픈 자신을 경멸하기까지 합니다. 때로는 가족과 친구들마저 사랑과 도움이 절실한 치명적인 병을 앓는 사람을 외면하기도 합니다.

병을 쉬쉬하는 풍조는 모두에게 해롭습니다. 아픈 사람은 고립되고 비참한 기분이 듭니다. 또한 환자의 가족과 친구들은 사랑하는 사람과 멀어진 기분이 듭니다. 자신에게 아주 중요한 것에 관해 이야기하지 않으려고 애쓰면 두렵고 조심스러울 뿐 아니라 혼자라는 느낌이 들기 마련입니다.

나는 내 병이 어떻게 진행되고 있는지 다른 사람과 공유하는 것이 아주 중요하다고 생각합니다. 모든 사람에게 이야기하지는 않지만 가족과 친구들에게는 이야기합니다. 나는 그들이 내 말에 반응하고 지원해주기를 바랍니다. 또한 나의 정확한 상태를 알려주면 괜히 실제보다 더 나쁜 상황을 상상할 일도 없습니다.

우리는 내 상태를 두고 꾸준히 이야기를 나누지만 우리 관계가 온통 병과 관련된 일로만 이루어지는 것은 아니죠. 그래서 우리는 내 병에 너무 집착하지 않으면서, 또는 서로의 관계에서 내 병을 끊임없이 주제로 삼지 않으면서 일상처럼 이야기를 나눕니다.

길거리에서 아무나 붙잡고 병 이야기를 하라는 것이 아니라 누군가에게는 병에 대해 이야기하라는 뜻입니다. 당신이 겪고 있는 병을 속에 꼭꼭 감추지 마십시오. 다른 사람을 차단하지 마십시오.

나는 〈나이트라인〉에 출연하고 난 뒤 《뉴욕데일리뉴스 New York Daily News》에 실린 에릭 밍크Eric Mink의 칼럼을 읽었습니다.

밍크는 내 인터뷰에 관해 이렇게 썼죠.

"테드 코펠은 TV를 이용해 죽은 사람의 마음과 정신으로 통하는 길을 열었다."

밍크의 아버지도 루게릭병을 앓았지만 당신의 병에 대해 일절 말하지 않았다고 합니다. 밍크의 아버지는 고립된 채 자신의 기분이나 생각을 누구와도 공유하지 않았죠. 그래서 그는 아버지에게 무슨 일이 일어나고 있는지 전혀 알지 못했다고 합니다.

TV에서 나를 보았을 때 밍크는 이랬다고 합니다.

"아버지가 감추었던 생각을 마침내 듣는 것 같았다."

마음을 열면 가까운 사람들이 고마워하고 도와주려 할 것입니다. 그리고 당신도 훨씬 기분이 좋아질 것입니다.

IV

돌봐주는 이들에게
무리한 부탁은 하지 말고
거절해도 개의치 말자

당신을 아끼는 사람들과 당신이 아끼는
사람들이 서로를 꾸준히 돌볼 수 있게
하십시오. 상대방이 부담스러워하는
요구는 하지 마십시오. 사람들이
떠날 수 있습니다. 그들의 거절을
너그럽게 받아들이십시오.

간병인은 꼭 필요합니다. 중병에 걸렸거나 장기 치료가 필요한 사람은 아무리 자립심이 강해도 혼자서 자기 질병을 관리할 수 없습니다.

몸을 잘 움직일 수 없을 때는 신체 욕구를 돌봐줄 사람이 필요합니다. 치료에 관한 의사 결정에 온전히 참여할 수 없을 때는 필요한 의료 조치를 대신 관리해주고 돌봐줄 사람이 필요합니다.

아파서 더는 편지를 쓰거나 전화를 걸 수 없다면 간병인이 생명줄이나 다름없습니다. 예를 들어 간병인은 사이가 소원하거나 멀리 떨어져 사는 친척이나 친구에게 연락해 이렇게 말해줄 수 있죠.

"환자분이 많이 보고 싶어하세요. 한번 와주세요."

또는 당신이 더 이상 많은 방문자를 맞기 힘들 때 전화를 건 사람들에게 대신 말해줄 수 있죠.

"오늘은 힘들어하시네요. 다음 주에 다시 전화 주시겠어요?"

나는 주위에 가족과 친구들이 있는 것을 좋아합니다. 하지만 모두가 사람들이 많이 찾아오는 걸 좋아하지는 않을 겁니다. 누군가는 아주 가까운 가족이나 오래된 친구와만 시간 보내기를 원할 수도 있죠.

어느 쪽이든 당신이 원하는 바를 솔직하게 밝히십시오. 누군가가 찾아오기를 바란다면 솔직하게 와달라고 말하십시오.

"내가 도울 일 있으면 알려줘요."

누가 이렇게 말한다면 괜히 자존심 세우거나 체면 차리지 말고 말하세요.

"가끔 찾아와 이야기 나눌 수 있으면 좋겠어요. 나한테 큰 힘이 될 거예요."

직접 말하기 힘들다면 간병인에게 전화해주거나 방문해주면 좋겠다는 뜻을 대신 전해달라고 부탁해도 됩니다.

돌봄 시스템은 절망에 빠져 있을 때 필수입니다.

나는 운 좋게도 많은 이들이 찾아와줍니다. 나는 그들을 나의 지원 공동체, 천사들, 소중한 벗들이라고 부릅니다. 그들은 틈나는 대로 나를 찾아와서 내 몸 상태가 어떤지 묻고, 정신적인 문제에 대해 생각을 나누고, 얼마나 내게 관심이 있는지 알려줍니다.

가끔은 저녁 식사를 준비해 오기도 합니다. 그들은 함께 저녁을 먹고, 그날 일어난 일에 관해 이야기를 나누고, 고민을 털어놓고, 내 조언이나 충고를 듣기 위해 나를 찾아옵니다.

우리는 서로 많은 것을 주고받습니다. 그들은 내게서 배우고 영감을 얻는다고 말합니다. 반대로 나는 가족뿐 아니라 이 친구들이 주는 활력과 기분 좋은 감정, 사랑, 염려, 돌봄 덕분에 계속 살아갈 힘을 얻습니다.

그들은 움직일 수 없는 내게 바깥세상을 가져다줍니다. 그리고 그들 자신을 내게 가져다줍니다. 그들이 세상을 들여와주는 덕분에 나는 어느 정도 바깥과 소통할 수 있습니다.

나는 사람들에게 너무 많은 요구를 하지 않으려고 신경 씁니다. 친구와 가족도 최대한 정상 생활을 유지해야 하니까요. 혹시 그들이 내 부탁을 거절해도 개의치 않습니다.

그래서 나는 사람들의 현재 상황이 어떤지 파악하려고 노력합니다. 누군가에게 부탁하기 전에 먼저 세심하게 살펴보십시오. 혹시 편찮으신 부모님은 없는지, 돌봐야 할 자녀가 있는지, 직장에서 어려움은 없는지, 결혼 생활은 괜찮은지, 다른 걱정거리는 없는지. 어쩌면 그들은 말 그대로 이미 용량 초과 상태일 수 있습니다.

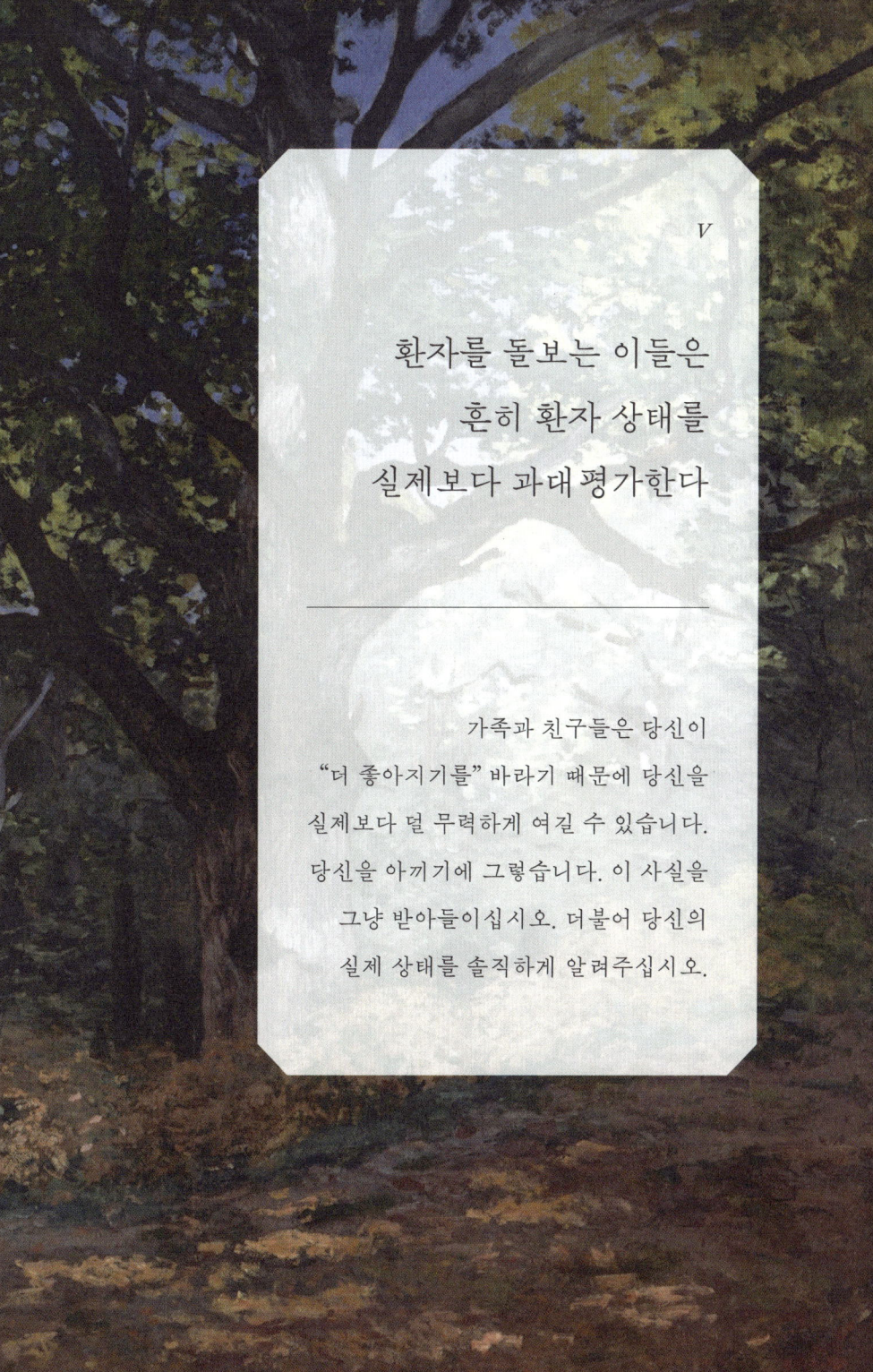

V

환자를 돌보는 이들은 흔히 환자 상태를 실제보다 과대평가한다

가족과 친구들은 당신이
"더 좋아지기를" 바라기 때문에 당신을
실제보다 덜 무력하게 여길 수 있습니다.
당신을 아끼기에 그렇습니다. 이 사실을
그냥 받아들이십시오. 더불어 당신의
실제 상태를 솔직하게 알려주십시오.

친구, 가족, 간병인에게 화장지를 갖다달라고 부탁하면 내게서 너무 멀찍이 놓아두곤 합니다. 그들은 별생각 없이 그러지만 나는 이제 팔 힘이 너무 약해져서 손이 화장지에 닿지 않습니다. 물론 더 가까이 두어달라고 하면 다시 옮겨줍니다. 그러나 내가 그만큼 팔 힘이 약해졌다는 사실은 여전히 알아차리지 못하죠.

이런 작은 행동 속에 그들이 하려는 말이 담겨 있습니다.

"우린 당신이 여전히 지금보다 더 나은 상태라고 믿고 있어요. 2주 전, 아니 4주 전 상태라고요."

나조차 내 변화를 기억하기 어려우니 그들이 이 변화를 받아들이기 힘들 것이라는 점은 충분히 이해가 갑니다. 어느 순간 화장지를 집으려고 팔을 뻗었는데 못 집을 때가 있어요. 나는 이런 변화를 계속해서 경험하기 때문에 주변 사람보다는 변화를 더 잘 알아차리긴 합니다.

그런데 가족과 친구들은 내가 실제 상태보다 몸을 더 잘 움직이기를 바랍니다. 그들은 과거에 습관적으로 보았던 내 행동을 내가 여전히 할 수 있다고 믿고 싶어합니다. 그래서 내가 화장지가 닿지 않는다고 말하면 가까이 가져다주지만 다음번에도 똑같이 행동하죠. 이를 통해 그들이 내 신체 능력 저하를 완전히 받아들이지 않는다는 사실을 알게 됩니다.

화장지를 더 가까이 갖다달라고 할 때마다 그들도 언젠가는 나처럼 내 몸의 기능 저하를 알아차릴 것이라고 나 자신을 다독입니다.

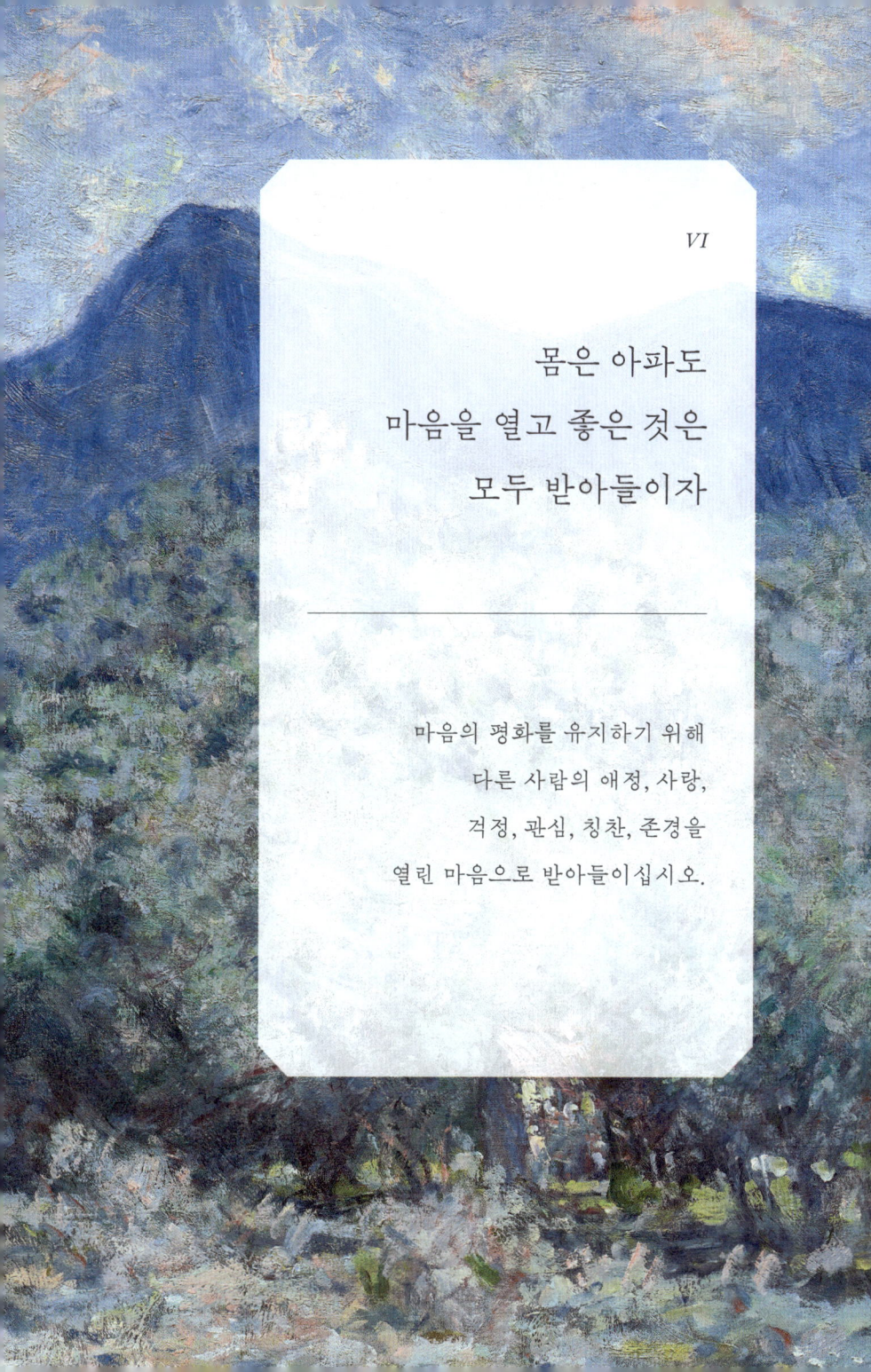

VI

몸은 아파도
마음을 열고 좋은 것은
모두 받아들이자

마음의 평화를 유지하기 위해
다른 사람의 애정, 사랑,
걱정, 관심, 칭찬, 존경을
열린 마음으로 받아들이십시오.

사람들은 아픈 사람에게 사랑과 애정, 배려를 베풀지만 거기에 항상 열린 반응을 보이기는 쉽지 않습니다.

한 가지 예를 들어보죠. 때때로 사람들은 내게 이런 이야기를 합니다.

"아름다워 보여요."

"천사처럼 얼굴에서 빛이 나네요."

그러면 난 속으로 말합니다.

"누구, 내가? 지금 나한테 하는 말이야? 난 아픈 사람이라고."

하지만 그러면 안 됩니다. 그들은 자신들의 느낌을 전하려는 것이므로 내 느낌과 모순되더라도 열린 마음으로 포용해야 합니다.

나는 좋은 일은 모두 받아들이자고 나 자신을 타이릅니다. 몸이 나빠지는 건 내 힘으로 피할 수 없죠. 하지만 좋은 일을 받아들이는 건 내가 선택할 수 있습니다.

사랑으로 가득한 이런 순간들이 당신을 더 강하게 만들고 더 차분하고 평화롭게 해줄 것입니다.

Chapter
8

나 자신과
친구가 되자

I

나를 비난하거나
자책하지 말고 사랑하고
아끼며 친구가 되자

나를 사랑하고, 나에게 정을 베풀고,
나를 따뜻하게 대하십시오.
자신과 친구가 되십시오.
자신을 비하하거나
자꾸 비난하지 마십시오.

많은 사람이 자책하고 감정적으로 스스로 벌을 줍니다. 자기가 못났다고, 제대로 못 했다고 여기기 때문입니다. 자신 또는 누군가의 기대에 부응하지 못했다고, 인생에서 다른 길을 선택하지 못했다고, 학교에서 더 좋은 성적을 받지 못했다고, 더 나은 직업을 얻지 못했다고 스스로를 책망합니다.

갖은 이유로 자신에게 불친절하고 자신을 계속 괴롭힙

니다. 그러나 이래봤자 아무 이득이 없습니다. 특히 아플 때는 더욱 그렇습니다.

아플 때는 병에 걸린 것이 자기 책임 같아서 자신이 역겹게 느껴집니다. 벌을 받는 거라고, 그러니 아파도 마땅하다고 여기기 쉽습니다. 자신이 아프기 때문에 더는 가치 있는 인간이 아니라고 생각하기도 합니다.

한번 이런 마음 상태에 빠지면 스스로 깨닫지 못하는 사이에 끊임없이 자신을 못살게 굴고 자신에게 상처를 주게 됩니다.

나에게 친절하고 나를 사랑하는 것은 대단히 중요합니다. 당신은 당신이 가진 유일한 자아이기 때문입니다. 남에게 정을 베풀고 상냥하게 대하듯 자신과 친구가 되십시오. 나 자신을 가슴 아파하고, 받아들이고, 용서하는 일을 실천하면 이렇게 할 수 있습니다.

우리 문화는 삶의 모든 면에서 경쟁을 부추기며 우리를 비웃습니다. 누군가가 이기면 누군가는 져야 합니다. 그래서 더 잘하지 못했다고, 이기지 못했다고, 1등을 하지 못했다고 스스로를 비난하고 자책합니다.

그런데 2등, 3등이 잘못된 것일까요? 몸과 마음을 해치는 이런 식의 자기 평가를 멈춰야 합니다. 자신의 나쁜 점이 떠오를 때마다 좋은 점을 생각해내십시오. 긍정적인 면을 떠올리세요. 어떻게 하면 나에게 더 친절하고 나를 더 잘 돌볼지 생각하십시오.

자신에게 상냥해지는 것은 부모가 되는 것과 비슷합니다. 어릴 적 부모님에게 받았던 것처럼 또는 내가 자녀에게 그랬던 것처럼 인내와 격려, 다정함을 나 자신에게 똑같이 베풀어야 하기 때문이죠.

나는 새어머니에 관한 기억을 나를 친절하게 대하고 잘 보살피는 모델로 삼습니다. 아버지가 재혼하고 나서도 우리는 여전히 가난했지만 정서적으로는 훨씬 풍요로운 삶을 살았습니다. 자녀가 없었던 새어머니는 나와 남동생을 소중히 아껴주었죠.

나는 새어머니를 깊이 사랑했습니다. 몹시 다정하고 도덕적인 그분은 내 인생에서 소중한 존재였고, 나의 구세주

였습니다.

 나는 새어머니로부터 많은 윤리적 가르침을 받았습니다. 정직하고, 진실하고, 다른 사람에게 친절하고, 남을 배려하라고 배웠죠. 그리고 이제 이 사랑의 원칙을 나 자신을 대하는 법에 적용하고 있습니다.

II

혼자 힘으로
식사할 수 없는 지경에서도
내면의 사생활은 누리자

병이라는 불가피한 외부 요인 때문에
사생활을 침해당할 때조차
내면의 사생활은 누릴 수 있습니다.

몸이 아프면 사생활을 누리기가 매우 어렵습니다. 신체 기능에 문제가 생길수록 더 많은 사생활 침해에 시달려야 하죠. 그래서 그 어느 때보다 사생활이 귀중하게 느껴집니다.

나는 24시간 간병을 받아야 하는 처지라 항상 누군가가 옆에 있습니다. 내 간병인들은 무척 사려 깊습니다. 내가 사적인 시간을 원하면 혼자 있게 해주니까요.

그러나 가끔은 사생활을 원하지만 그러지 못할 때가 있죠. 이 책 원고를 쓰기 시작할 때만 해도 혼자 식사할 수 있었어요. 그런데 지금은 혼자 앉아서 밥을 먹을 수 없는 지경에 이르렀습니다. 그래서 누가 밥을 떠먹여주어야 합니다.

내가 여기서 말하는 사생활이란 자기만의 시간을 갖고 자신과 내면의 대화를 나누는 것을 의미합니다. 주변에 다른 사람이 있으면 이렇게 하기가 더 힘들죠. 그럼에도 우리 모두는 자신이 어디에 있는지, 어떤 감정을 느끼는지, 무슨 생각을 하는지, 세상과 어떤 관계를 맺고 있는지 알아낼 시간을 가져야 합니다.

그래서 사생활을 누리기 위해 내가 만들어낸 것이 바로 내면의 공간입니다. 내 생각과 감정이 머무는 나만의 공간, 명상과 사색을 위한 나만의 사적인 공간 말입니다.

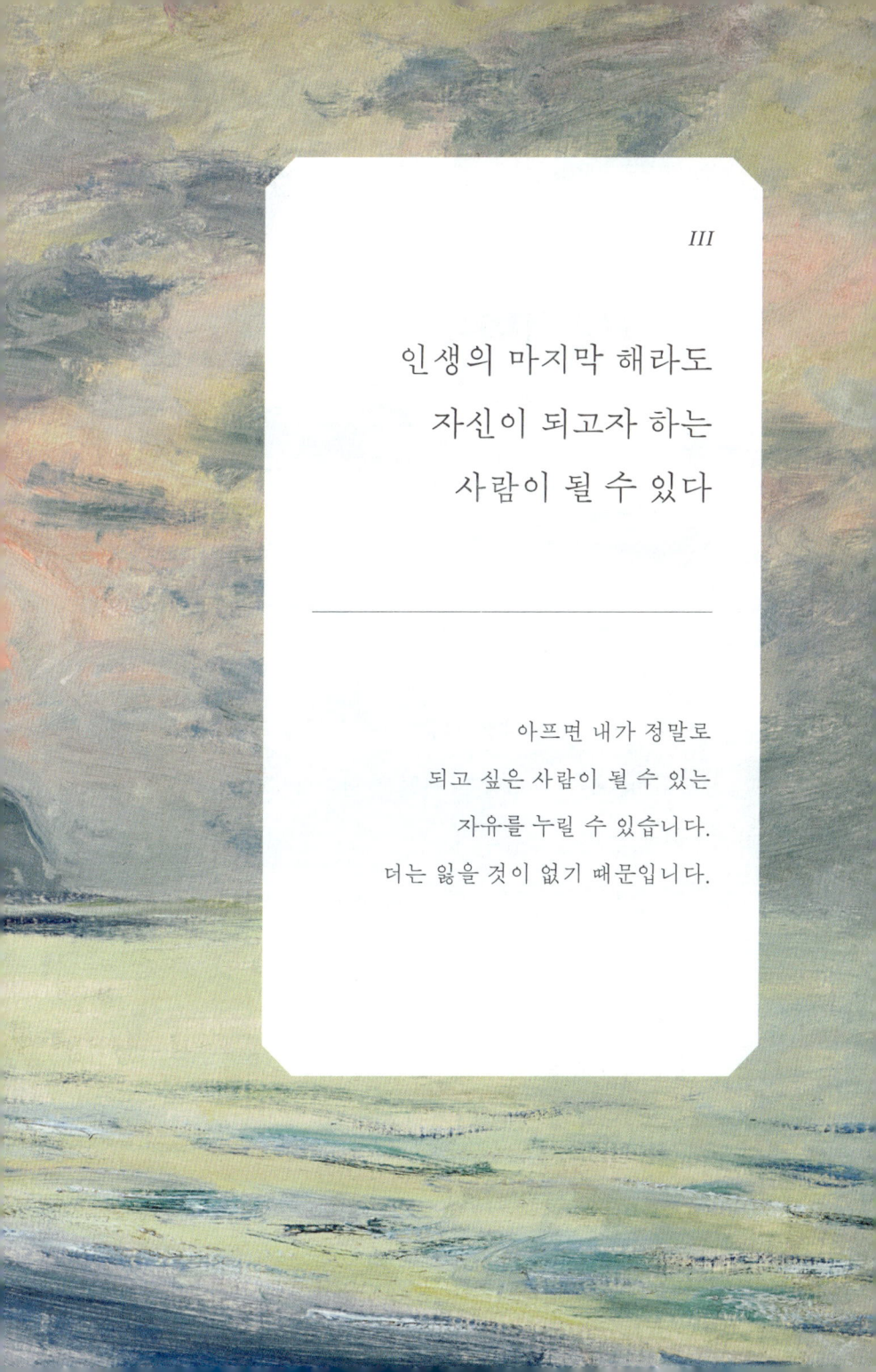

III

인생의 마지막 해라도
자신이 되고자 하는
사람이 될 수 있다

아프면 내가 정말로
되고 싶은 사람이 될 수 있는
자유를 누릴 수 있습니다.
더는 잃을 것이 없기 때문입니다.

나이 들거나 아프더라도 지금의 내가 정말로 되고자 했던 사람인지, 혹시 아니라면 어떤 사람이 되고 싶은지 생각해보기에 늦지 않았습니다.

유대인 철학자 마르틴 부버Martin Buber는 《나와 너Ich und Du》라는 영적 가르침을 담은 책에서 이상적인 관계 유형을 묘사했습니다. 나는 이 관계를 나와 너는 서로 연결되어 있지만 각자 개성은 잃지 않는 관계라고 이해했습니다.

나는 여기서 더 나아가 생각했습니다. 당신은 자신이 어떤 사람이 되려 하는지 알아내야 하고, 마음속 갈망과 연결되어야 합니다. 자신이 어떤 잠재력을 지녔고, 무엇이 될 수 있는지 자아와 소통해야 합니다. 발견했다면 그게 뭐가 되었든 이루려고 노력해야 합니다.

이 일은 지금이 당신 인생의 마지막 해라도 할 수 있습니다. 사실 이제는 더 잃을 게 없다는 홀가분한 마음 때문에 변화를 이루기 더 쉬울지 모릅니다.

더 친절하고 인정 많은 사람이 되고 싶다면 지금 당장 그런 사람이 되려고 하면 됩니다. 깨달음을 추구하는 사람이 되고 싶다면 명상을 시작하십시오.

젊었을 때 또는 건강했을 때 어떤 모습을 동경했나요? 바로 지금이 당신이 바라던 그 사람이 되기 위해 노력해야 할 때입니다.

Chapter

9

내 마음과 감정을 다스리자

I

감정에 압도되지 말고
감정을 선택하거나
바꾸는 힘을 기르자

몸에 대한 통제력을
잃어가고 있다면 대신에
마음과 감정을 통제하는
힘을 길러보십시오.

병이 길어지면 감정이 엉망진창으로 날뛸 수 있습니다. 이때 중요한 것은 요동치는 감정에 휘둘리지 않고 감정을 조절하는 법을 배우는 것입니다.

원하는 것을 말로 표현한다고 해서, 또는 의지력만으로 감정을 통제할 수는 없습니다. 손톱 물어뜯는 습관을 고치려 할 때 "손톱을 물어뜯지 말자"라고 말해봤자 소용없다는 것을 잘 알 겁니다.

사실 우리는 어떤 행동을 왜 하는지, 무슨 목적을 위해 하는지를 어느 정도 감정 측면에서 이해할 수 있습니다. 때로는 의식적으로 알게 되기도 하고 가끔은 무의식적으로 알게 되기도 하죠.

감정을 통제하기 위해서는 직면한 문제를 감정 차원에서 해결해야 하는데, 그러자면 그 문제에 압도되지 않고 문제를 처리할 수 있는 충분한 "감정 공간emotional space"을 갖추어야 합니다. 감정 공간이란 특정한 감정과 사고방식에 갇히지 않고 여러 가지 대안을 찾아 연결할 수 있다는 뜻입니다. 자신이 감정을 선택할 수 있음을 알게 되면 자기 감정에 큰 영향력을 행사할 수 있습니다.

4장에서 반응과 대응의 차이점을 설명했습니다. 어떤 일이 벌어지면 자연스럽게 우리는 통제할 수 없는 반응을 보입니다. 누가 뺨을 때리면 화를 내고, 누가 흉을 보면 분개하고, 누가 좋은 사람이라 말하면 행복해하죠. 이것이 반응입니다.

그런 다음 한발 물러나 이렇게 말할 수 있습니다.

"난 그런 식으로 반응하고 싶지 않아."

물론 긍정적인 상황에서는 부정적인 상황보다 이렇게 말할 가능성이 낮습니다.

내가 화를 내면 내 감정에 대한 통제권을 다른 사람에게 넘겨주는 것이므로 화를 내고 싶지 않다고 결정할 수도 있습니다. 나는 뭔가에 대한 내 반응을 바꾸고 싶을 때 내가 왜 그렇게 반응하는지 이해하려고 노력합니다. 나는 스스로 묻습니다.

"난 왜 이렇게 분개할까? 이 일이 무슨 큰 문제야? 그 사람이 나에 대해 나쁜 말을 했다고? 그건 그 사람 문제지 내 문제가 아니야."

감정적 반응에 더 잘 대응하려고 노력하는 것, 이것이 핵심입니다.

감정 다스리기가 쉽지 않다는 것을 나도 잘 압니다. 그래서 이를 일깨워줄 누군가가 곁에 있으면 좋습니다.

한 가지 예를 들어보겠습니다. 내가 아프다는 사실을 알고 여기저기서 편지와 엽서를 많이 보내옵니다. 나는 가족이나 친한 친구들의 도움을 받아 답장을 써 보내곤 하죠.

그중에 오랫동안 격조했던 한 부부가 보낸 편지가 있었어요. 솔직히 나는 그 부부의 편지에 별 관심이 없었기 때문에 답장할 생각이 없었죠.

그런데 아들이 나한테 물었습니다.

"그 '다정한 사람'은 어디 갔나요?"

난 대답했죠.

"감정에 솔직한 것뿐이야."

그러자 아들이 다시 말했습니다.

"그들에 대한 아버지의 감정을 바꿔보는 건 어때요?"

나는 아들 덕분에 소원해진 이들에 대한 감정을 바꾸었고, 더욱더 열린 마음을 가질 수 있었습니다.

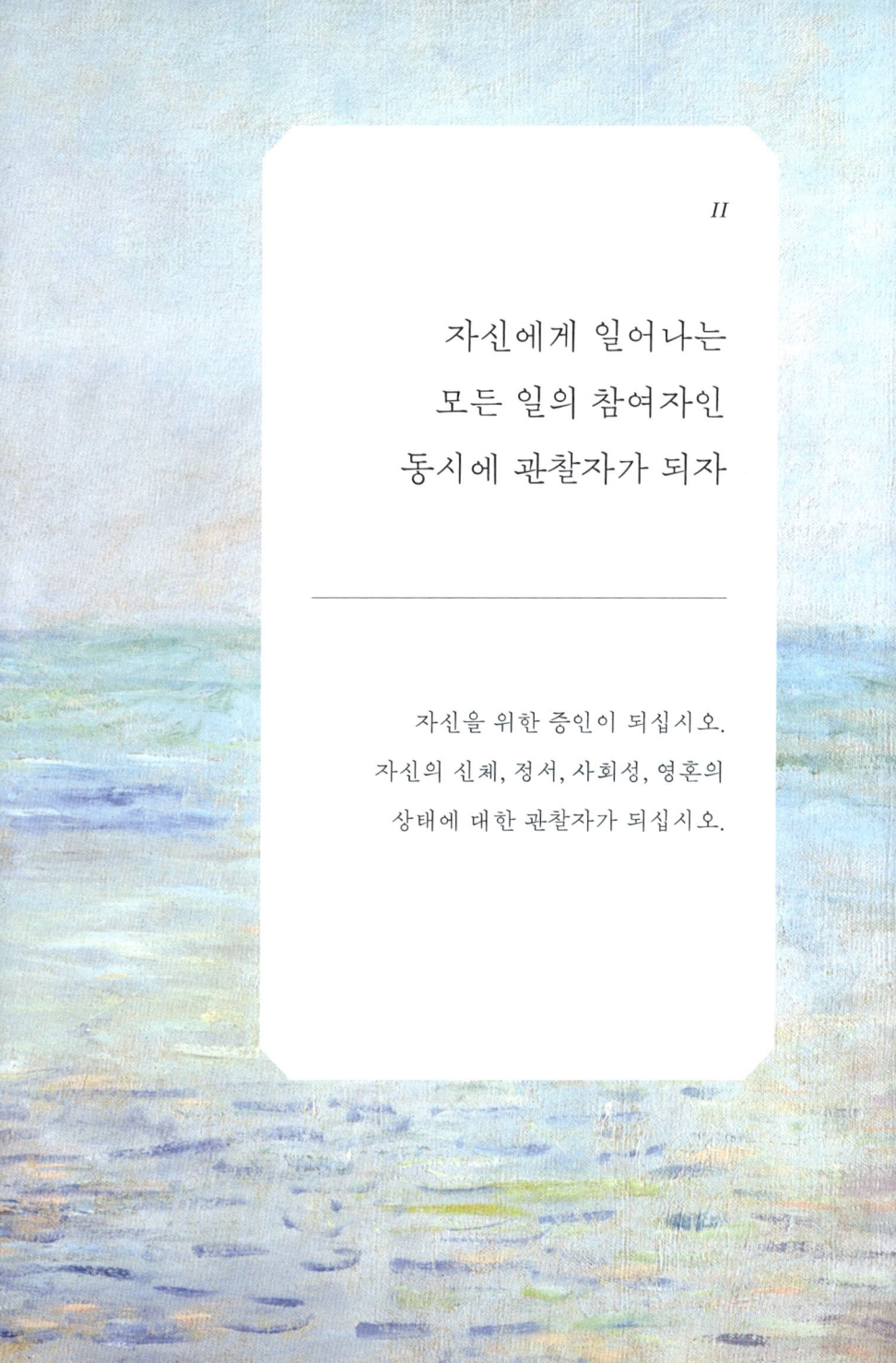

II

자신에게 일어나는
모든 일의 참여자인
동시에 관찰자가 되자

자신을 위한 증인이 되십시오.
자신의 신체, 정서, 사회성, 영혼의
상태에 대한 관찰자가 되십시오.

의미심장한 경험이나 감정을 뒤흔드는 경험을 할 때 우리는 거기에 몰입하는 경향이 있습니다. 가끔은 그런 경험에 너무 몰입한 나머지 압도당하기까지 하죠. 도무지 생각을 멈추지 못할 정도로요.

아플 때가 그렇습니다. 이때 우리는 자신에게 일어나는 모든 일에 참여자가 되는 동시에 관찰자가 될 수 있어야 합니다.

나는 몇 년간 체스트넛로지요양원Chestnut Lodge Sanatorium에서 연구원으로 일했습니다. 거기서 정신 질환 연구를 위해 환자와 간병인 사이의 상호 연관성을 관찰하고 분석했죠. 이때 관찰하는 능력을 키울 수 있었습니다.

우선은 관찰하고 있는 환자와 일정 거리를 두어야 했어요. 그러지 않으면 내가 미칠 수도 있었죠. 나는 내 앞에서 벌어지는 일이 아무리 감정에 동요를 일으키더라도 외부인의 시선으로 관찰하는 감각을 서서히 발전시켜나갔습니다. 어느 정도 시간이 지나자 나는 눈앞에서 벌어지는 일을 직접 경험하는 동시에 관찰할 수 있게 되었습니다.

그러나 거리를 두고 자기를 관찰하는 능력을 키우기 위해 반드시 전문가가 될 필요는 없습니다. 나는 심리치료를 통해서도 자기 관찰법을 배웠죠.

정신분석과 심리치료의 핵심은 외부의 시선으로 자신이 반복해서 하는 행동과 사고의 방식을 살피는 것입니다. 그런 다음 일부 행동과 사고의 패턴을 바꾸고 다른 행동과 사고의 패턴을 받아들이는 겁니다. 이때 치료의 성공 여부는 한 걸음 물러서서 내면의 자아를 분석할 수 있느냐에 달려 있습니다.

내가 거리를 두고 자기를 더 객관적으로 관찰하기 위해 시도한 또 다른 방법은 명상이었습니다. 명상할 때는 마음속에 떠오르는 감정, 생각, 감각을 주의 깊게 살핍니다. 그런 다음 그것들을 놓아버리고 다음번 감정, 생각, 감각에 다시 집중합니다. 그래서 명상할 때는 자신에게 일어나는 일을 끊임없이 지켜보게 됩니다.

일어나는 어떤 일에 거리를 둔다고 해서 그것을 경험하지 않는다는 의미는 아닙니다. 동시에 하든 연속으로 하든 관찰과 경험 모두 하게 됩니다. 둘 다 동시에 할 수 없을 때는 잠시 기다렸다 되돌아가 이렇게 묻습니다.

"거기서 무슨 일이 있었지? 그 일에 어떻게 거리를 둘 수 있을까? 그 일로부터 뭘 배울 수 있을까?"

이런 거리 두기는 다양한 방법으로 수행할 수 있습니다. 그중 한 가지 방법은 자신이 마치 다른 사람인 것처럼 뒤로 물러나 그 사람의 눈으로 자신을 바라보는 것입니다.

이를 "타인의 역할 맡기taking the role of the other"라고 부릅니다.

미국의 사회학자 조지 허버트 미드George Herbert Mead는 1934년에 출간한 《정신, 자아, 사회Mind, Self, and Society》에서 이런 종류의 역할 맡기 또는 공감을 제안했습니다(이 책은 대학원에서 중요 교재였습니다). 이를 통해 다른 사람이 되어서 상대가 어떻게 느끼고 있는지 알 수 있죠.

어떻게 다른 사람을 지켜보듯 자신을 바라보게 될까요? 내 예를 들어봅시다.

내가 나를 지켜보면 때때로 많은 도움이 필요한 사람, 기능 장애를 가진 사람으로 보입니다. 또 때로는 현명한 노인으로도 보입니다. 그러나 나는 또한 내게 일어나고 있는 일들을 다른 사람에게 일어나고 있는 일처럼 보기도 합니다. 나는 이렇게 말합니다.

"다른 사람이 이런 일을 겪고 있다면 어떻게 보일까?"

내 경험을 외부 시선에 투사함으로써 나는 내 병의 주관적인 경험과 나 자신을 동일시하지 않을 수 있게 됩니다.

자신과 거리를 두는 또 다른 방법은 상황을 글로 기록하는 것입니다. 기록하면 객관성을 얻을 수 있습니다. 나의 병, 고통, 기능 장애에 관해 글을 쓰다보면 점점 나 자신에게서 벗어날 수 있죠. 여기서 증상은 순전히 주관적인 경험이 아니라 내가 분석하고 생각할 수 있는 대상으로 바뀝니다.

　유난히 슬프거나 고통스러운 순간에는 이런 거리 두기가 어려울 수 있습니다. 그러나 대체로 나는 내 질병과 관련한 주요한 변화에 대해 조금만 거리를 두어도 어느 정도 균형감을 얻을 수 있습니다.

　거리 두기는 명상으로도 가능합니다. 명상은 마음을 다른 공간이나 대안 현실로 이끕니다. 누군가에게는 기도가 이런 방법이 되기도 하죠.

　당신이 겪고 있는 현실을 회피하라는 말이 아님을 분명히 하고 싶습니다. 지금 일어나고 있는 일을 실제로 경험하지 못하면 무엇으로부터 거리 두기를 하려는지 명확하지 않을 수 있습니다.

화나고, 좌절하고, 혐오스럽고, 분개하고, 절망스럽다면 그것이 무엇이든 그대로 느끼도록 내버려두십시오. 그런 다음 감정과 거리를 둔 채 자신을 바라볼 수 있어야 합니다.

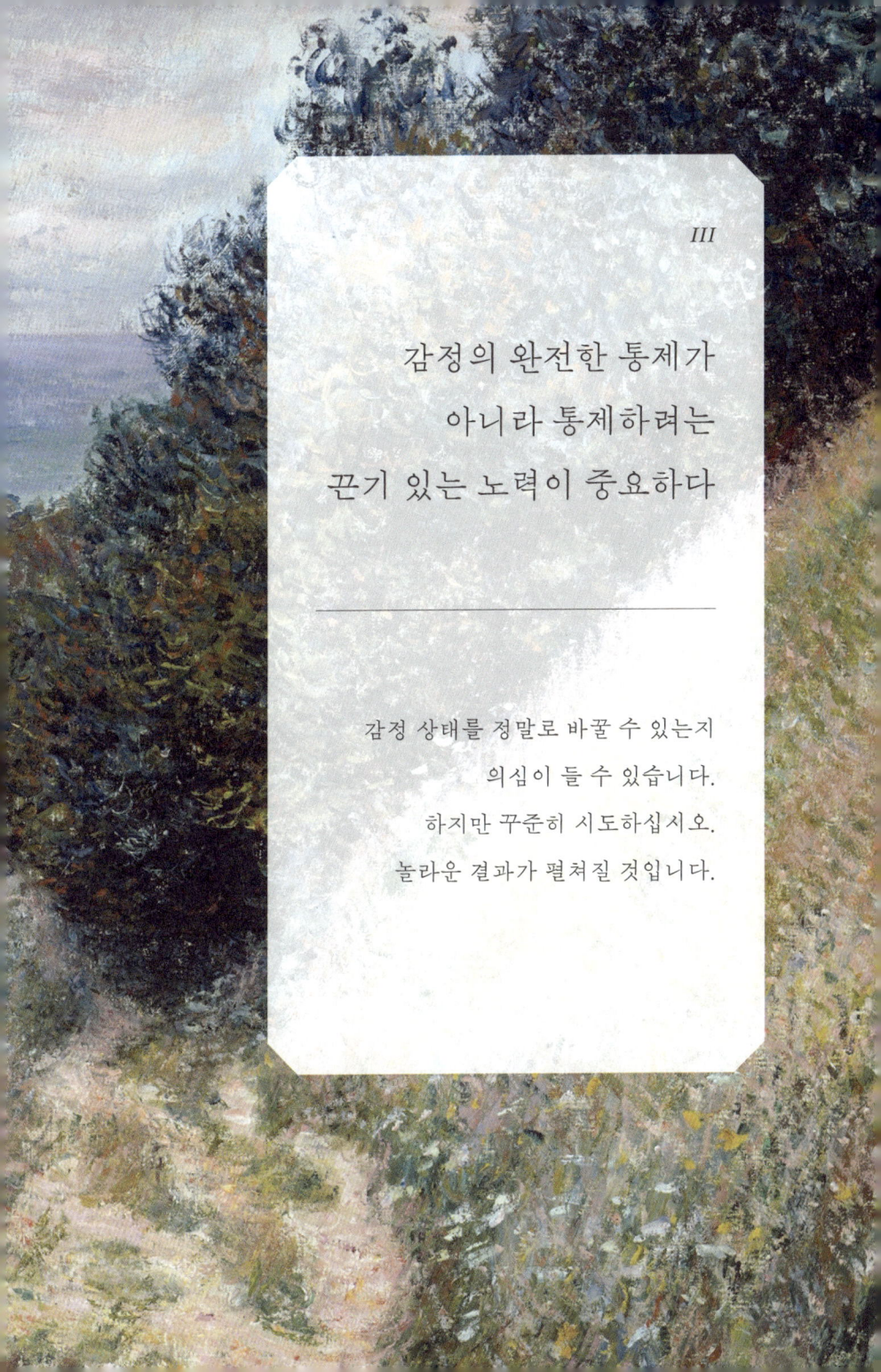

III

감정의 완전한 통제가
아니라 통제하려는
끈기 있는 노력이 중요하다

감정 상태를 정말로 바꿀 수 있는지
의심이 들 수 있습니다.
하지만 꾸준히 시도하십시오.
놀라운 결과가 펼쳐질 것입니다.

우리는 변하려는 시도에 대해 의심을 품기 쉽습니다. 특히 감정을 바꾸는 것에 대해선 더욱 그렇습니다. 그리고 의심이 들 때 그 의심을 의심해보기보다는 의심에 굴복해버리는 경향이 있습니다.

그러나 의심은 바뀔 수 있고, 어쩌면 불확실성도 우려하는 만큼 크지 않을 수 있습니다.

혼자 살 수 있을지 의심하는 50대 친구가 있습니다. 나는 그가 혼자 살 수 있다는 것을 압니다. 그리고 이 문제에 관한 한 그보다는 내가 그를 더 잘 안다고 생각합니다. 그래서 친구에게 너무 지나치게 의심한다고 조언해왔지만 그로서는 받아들이기 쉽지 않은 모양입니다.

그래도 친구는 이 문제에서 어느 정도 진전을 보여주었습니다. 내 통찰력을 믿고 자신의 의심에 대해 의문을 품었기 때문이죠.

감정을 조절하려고 꾸준히 노력하면 예상하지 못했던 놀라운 변화가 일어나곤 합니다.

예를 들어 나는 병이 들고 나서 바로 연락이 올 줄 알았는데 그러지 않은 사람들에게 짜증이 나고 좀 화가 치밀었습니다. 그들은 좋은 사람이 아니란 생각이 들었죠. 그러다가 이렇게 생각을 달리하기 시작했습니다.

"그들도 나름의 인생이 있잖아. 각자 할 수 있는 만큼 신경 쓰고 있다는 걸 받아들이자."

이런 식으로 문제를 바라보니 화가 나거나 짜증이 나지 않았습니다. 대신에 그들이 연락해준 것이 고마웠습니다.

감정을 완전히 통제한다는 것은 현실적이거나 바람직한 목표가 아닙니다. 중요한 것은 감정을 통제하려는 꾸준한 노력, 끈기입니다.

끈질긴 시도는 나를 강하게 만드는 연습이라고 생각하십시오. 이때 강박적이고 지나치게 아등바등하는 식으로 하지 말고 침착하고 강단 있게 시도해야 합니다. 이렇게 스스로 다짐해보십시오.

"이건 내가 원해서 하는 거야. 그러니 해낼 방법을 찾아낼 거야."

심리학에서 이야기하는 제임스 원리Jamesian principle가 도움이 될 수도 있습니다. 이 원리는 윌리엄 제임스William James가 살았던 시대의 통념과는 반대되는 것이었죠. 20세기 이전 사람들은 특정한 감정을 느끼면 특정한 방식으로 행동할 것이라고 믿었습니다. 제임스는 이런 가설을 거꾸로 뒤집어, 특정한 방식으로 행동하면 특정한 감정을 느낄 수 있다고 주장했습니다.(미국의 실용주의 철학자이자 심리학자인 윌리엄 제임스는 "행복해서 웃는 것이 아니라 웃기 때문에 행복하

다"라는 명언을 남겼다·옮긴이)

　나는 둘 다 가능하다고 믿습니다. 사랑과 열린 마음으로 행동하면 따뜻하고 너그러운 감정을 느낄 수 있습니다. 반대로 누군가를 사랑으로 대하면 그 사람도 사랑으로 보답할 것입니다.

IV

헛된 꿈은 버리되
가능한 희망은
얼마든지 품고 실천하자

희망을 품되
어리석은 희망은
품지 마십시오.

심각한 병에 걸렸다는 사실을 알게 되면 보이는 것보다 또는 들은 것보다 병이 심각하지 않기를 자연스레 바랍니다. 그런데 이런 기대가 매우 비현실적임을 깨닫고 희망을 잃어버리는 사람이 있습니다. 반면에 희망 없이는 살고 싶지 않은 사람도 있습니다.

죽기 전에 루게릭병 치료법이 나올 것이라는 생각은 어리석은 꿈이죠. 하지만 내 병이 정체기에 접어들거나 천천히 진행되기를 바라는 마음은 가질 만합니다. 좀 더 오래도록 유능하고 쓸모 있는 사람으로 살아가기를 바랄 수는 있습니다.

용기란 아주 흥미로운 현상입니다. 내가 지금처럼 병을 용기 있게 잘 다룰 줄 나는 전혀 예상하지 못했습니다. 나는 신체적 고통을 참는 데 그리 용감한 사람이 아니었습니다. 고문실에 끌려가면 심문자가 원하는 대로 금방 자백해 버렸을 겁니다. 두 아들이 어렸을 때는 아이들에게 무슨 일이 생길까봐 늘 불안해했죠.

신체적 고통이나 사고에 대처하려면 용기가 필요합니다. 인생을 있는 그대로 직시하고 받아들이는 데는 또 다른 용기가 필요합니다.

나는 지난 몇 년간, 특히 작년 한 해 동안 이런 용기를 키웠다고 생각합니다. 사려 깊게 사람을 대하고, 열린 마음을 갖고, 자신과 거리를 두고, 침착하게 내 병에 대처하고, 평온한 삶을 살아가기 위해 여러 가지 대응을 하면서 용기를 얻었습니다.

이 모든 것이 내면의 평화를 가져다주고, 자존감과 유머를 잃지 않게 해주고, 의욕적으로 살아가게 해주었습니다. 덕분에 나는 내가 괜찮은 사람이라고, 평화를 누릴 자격이 있다고 느낍니다.

나는 이런 식으로 끝까지 내면의 평화를 누리며 살다가 죽을 수 있기를 희망합니다.

Chapter

10

내 영혼을
가꾸고
연결하자

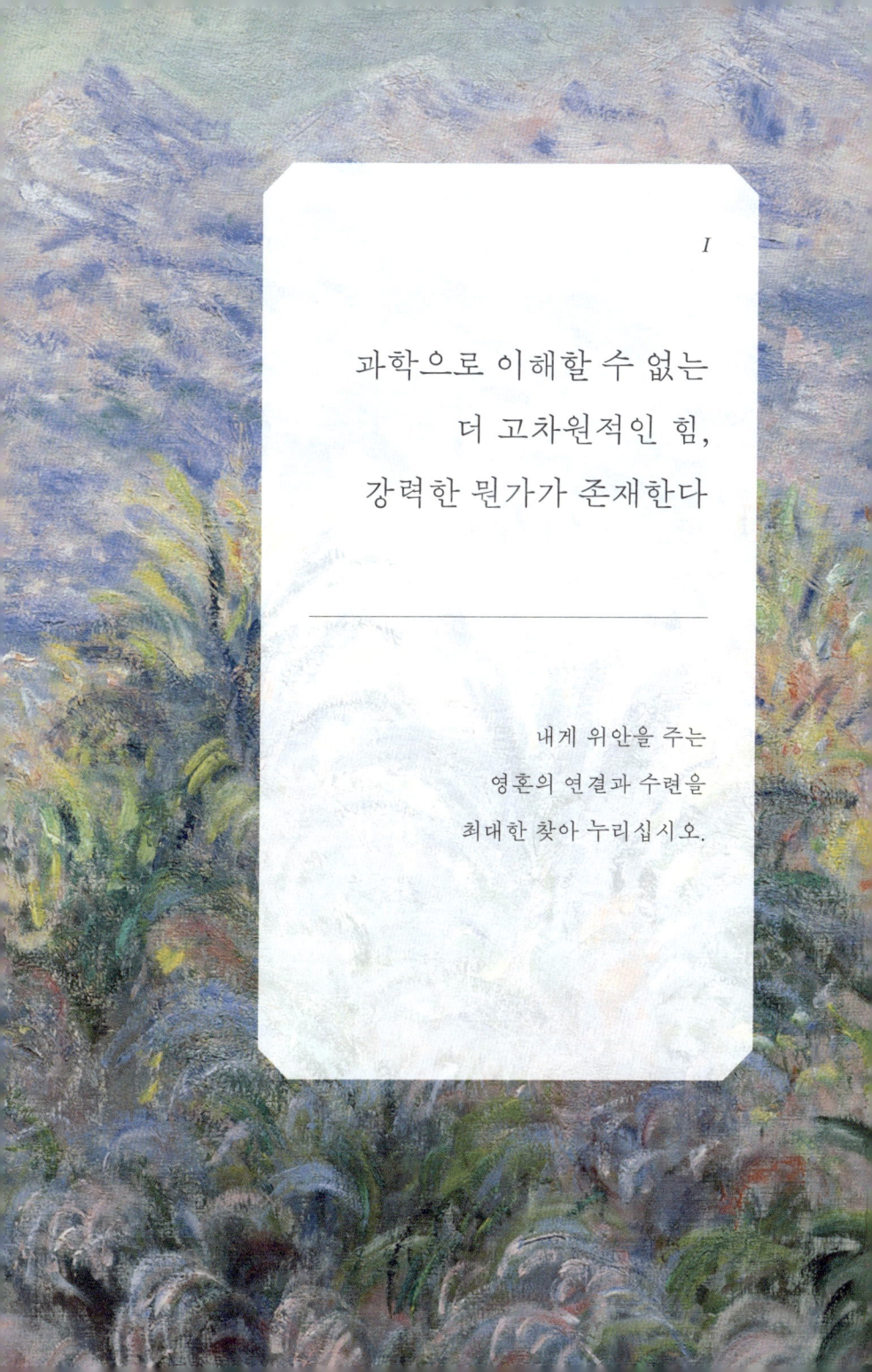

1

과학으로 이해할 수 없는
더 고차원적인 힘,
강력한 뭔가가 존재한다

내게 위안을 주는
영혼의 연결과 수련을
최대한 찾아 누리십시오.

모든 사람은 삶의 근본적인 질문에 답하는 자기만의 방식이 있습니다.

그런데 다음과 같은 질문은 풀기가 몹시 어려워서 나 역시 지금까지 답을 찾으려 애쓰고 있습니다.

"우리는 애초에 어떻게 여기까지 왔을까?"

"우리의 존재 의미는 무엇일까?"

"인간과 자연은 어떤 관계일까?"

이런 질문 중 일부는 과학으로 설명이 되기도 합니다. 하지만 그렇다고 완전히 이해할 수는 없다고 생각합니다. 나는 분명 더 고차원적인 힘이 존재한다고 믿습니다. 뭐라고 부를지는 모르겠지만 강력한 뭔가가 존재한다고 말입니다.

나는 유대교 전통 속에서 자랐습니다. 그래서 당연히 신이 존재한다고 믿었습니다. 물론 유대교 신이었죠.

열여섯 살 때 어느 날 나는 히브리어 선생님의 권유로 프로이트에 관한 책을 읽고 선생님과 이야기를 나누고 있었습니다. 프로이트는 신이 아버지를 대체하는 존재라고 믿었다고 선생님은 말씀해주었죠. 나는 혼잣말처럼 선생님 앞에서 중얼거렸습니다.

"전 아버지가 있는데요. 대체자는 필요 없어요."

선생님은 해석이 잘못되었다고 말했습니다. 그것은 종교적 해석이 아니라 정신분석적 해석의 의미라고 했죠. 어쨌든 선생님의 논리적인 주장에도 불구하고 나는 그때부터 신이 있는지 없는지는 알 수 없다고 보는 불가지론자가 되었습니다.

나는 정통 유대 교회에 다녔습니다. 그런데 교회의 가르침에서 거룩한 느낌, 영적인 느낌을 받지 못해 종교가 무의미하다고 이미 느끼기 시작한 참이었습니다.

교인들은 몸을 흔들며 내가 이해할 수 없는 히브리어를 중얼거리곤 했습니다. 나는 신과 연결된다는 느낌이 들지 않았습니다. 나는 그 모든 것이 그저 종교 의례에 지나지 않는다고 여겼고 더는 그런 의례에 참여하고 싶지 않았습니다. 물론 의례가 현실로 승화할 수도 있지만 나는 그 수준까지 올라가지 못했죠.

내가 유대교의 가르침을 거부하기 시작한 것은 히틀러가 권력을 잡은 1933년 무렵이었습니다. 히틀러와 유대인 학살은 내가 신을 믿기 힘들게 만들었죠. 라디오에서 히틀러의 독설을 들으며 치를 떨었던 기억이 납니다.

나중에 동유럽에서 유대인들이 겪은 일을 들었을 때는 전능하신 신을 더 믿기 어려워졌습니다.

"신이 존재한다면 어떻게 이런 일이 벌어지도록 내버려

둘 수 있어?"

　세월이 한참 흐르고 난 지금에야 나는 유대교 신비주의에 흥미가 생겼습니다. 그래서 최근에 알게 된 이 운동에 관한 책을 읽고 있습니다.

II

병과 죽음 앞에서
마음을 가라앉히고 중심을
잡아주는 방법을 찾자

나에게 신성하고, 경건하고,
성스러운 대상을 찾아보십시오.
자신의 방식대로 그 대상을
섬기고 숭배해보십시오.

10년 전쯤 나는 불가지론에 회의가 들었습니다. 내 인생에 영성이 깃들기를 바랐던 나는, 내 나름의 원칙에 맞는 영성 수련으로 명상을 하기 시작했습니다.

명상을 능숙하게 잘하지도, 매일 하지도 않았지만 명상으로 많은 것을 얻었습니다. 나는 앉아서 내 호흡에 집중하며 순간순간 일어나는 변화를 관찰했습니다. 심리학과 사회학 차원에서 신체 질병에 대처하는 접근법을 강화해준 것이 바로 명상이었습니다.

내 나름의 명상 원칙을 갖게 된 것은 1949년 또는 1950년대 초에 인도 철학자 크리슈나무르티Krishnamurti를 만난 때로 거슬러 올라갑니다. 나를 담당하던 정신분석학자가 그에게 관심이 있었는데, 크리슈나무르티가 워싱턴DC에 왔을 때 나는 그의 강연을 듣고 깊은 감명을 받았습니다.

당시 50대였을 크리슈나무르티는 백발인 머리와 근엄한 표정, 마른 몸매에 위엄이 넘쳤죠. 그는 삶과 생활의 모든 선입견에 의문을 제기해야 한다고 주장했습니다. 그러니까 자신이 맺은 관계, 자신이 속한 사회, 자기 자신, 자신이 기대하고 받아들이는 것의 본질에 대한 모든 선입견을 의심해야 한다고요.

크리슈나무르티의 말대로 세상은 정해진 것이 아닙니다. 우리가 생각하고 행동하는 방식이 100년 전 사람들이 생각하고 행동하는 방식과 같지 않은 것을 보십시오.

심지어 우리의 현실 감각조차 시간이 지남에 따라 변합니다. 예를 들어 자동차가 필수 사유 재산이라는 개념은 우리가 만든 것이죠. 우리가 차를 타고 돌아다녀야 한다거나 개인이 자기 차를 가져야 한다는 자연법칙은 없습니다. 만약 자동차가 더는 필요하지 않다는 데 모두가 동의한다면 곧 아무도 자동차를 소유하거나 만들거나 사용하지 않을 것입니다. 그리고 자동차는 사라지겠죠.

원자폭탄이 떨어졌을 때 세상에 대한 우리의 개념이 얼마나 순식간에 그리고 완전히 바뀌었는지도 생각해보십시오. 우리는 겨우 한 줌의 사람들이 그들이 가진 폭탄을 떨어뜨리기로 결정하면 모든 인류가 한순간에 전멸할 수 있다는 사실을 불현듯 깨달았습니다. 이로써 우리는 세상의 견고함에 대해 전혀 다른 감각이 생겨났죠.

이쯤 되면 크리슈나무르티가 무엇을 말하려 했는지 이해할 수 있을 것입니다. 직접 이런 말을 하지는 않았지만, 그는 우리가 서로를 대하는 사악한 방식을 돌아보라고 촉구했습니다. 우리가 얼마나 잔인한지 보십시오. 얼마나 살의에 차 있는지 보십시오. 서로에게 얼마나 비인간적인지 보십시오. 왜 이런 식으로 행동하는지 살펴보십시오.

그리고 그는 각 개인이 스스로 이러한 깨달음에 도달해야 한다고, 이것이 바로 깨달음의 길의 핵심이라고 말했습니다.

명상은 내가 병에 걸려 죽음과 마주했을 때 차분히 마음을 가라앉히고 중심을 잡도록 도와주었습니다. 하지만 명상을 하지 않았더라도 나는 같은 상태에 도달했을 것입니다. 내면의 평화를 얻는 방법을 찾으려고 계속 노력했을 테니까요.

신앙을 가진 모든 사람은 평온과 위안을 얻기 위해 늘 기도에 매달립니다. 기도는 특히 질병에 걸리거나 죽음을 앞두었을 때 큰 위로가 될 수 있습니다.

그러나 이렇게 영적으로 강력히 기댈 것이 있더라도 심각한 질병으로 인한 스트레스에 대처하기 위해서는 다른 도움이 필요합니다. 예컨대 이완요법Relaxation technique은 마음이 괴로울 때 중심을 유지하는 데 도움이 됩니다. 심리치료 또한 사람들이 연대감과 유대감을 느끼도록 고안되었기 때문에 아주 큰 도움이 될 수 있죠. 그리고 감정의 균형 회복과 유지를 돕기 위해 약물치료가 필요할 때도 있습니다.

모두에게 효과가 있는 방법 같은 것은 없습니다. 자신에게 맞는 방법을 발견할 때까지 꾸준히 주변을 둘러보며 찾으십시오.

III

아플 때는 삶과 죽음의 신비, 존재의 의미를 탐구하기 좋은 시간이다

삶과 죽음이라는 영원하고
궁극적인 질문에 대한
답을 찾아보십시오.
못 찾아도 괜찮습니다.
그 과정을 즐기십시오.

몸이 아플 때는 탄생과 죽음의 신비, 이 행성에서 존재의 의미, 인류의 운명, 조화로운 우주를 만들어내는 조건, 온전한 인간의 의미, 영혼의 본질 같은 궁극적인 질문을 생각해보기 좋은 시간입니다.

1960년대 후반에 나와 함께 브랜다이스대학교에서 일했던 동료 잭 실리Jack Seeley는 매주 로스앤젤레스에서 내게 전화를 걸어옵니다. 언젠가 전화 통화에서 그는 내가 영적 탐구를 하는 중이라는 사실을 알고 자신이 영적으로 도움받은 구절 하나를 들려주었습니다.

"신은 '너희가 이미 나를 찾지 않았다면 지금 나를 찾으려 하지 않을 것이다'라고 말씀하셨죠."(잭 실리가 인용한 구절은 파스칼의 《팡세》에 나오는 내용이다·옮긴이)

참으로 심오한 말이었습니다. 의미를 찾고 있다면 이미 영적 연결을 이루었다는 뜻이었죠. 신의 존재를 이미 믿지 않았다면 당신은 뭔가를 찾고 있지 않을 것이라는 말이었습니다. 믿음이 곧 신앙이라는 의미였죠.

어떤 친구들은 내가 왜 영적 탐구에 힘쓰는지 궁금해합니다. 나의 명상 스승님은 내게 이렇게 말했죠.

"모리, 당신은 이미 영적인 사람입니다. 당신은 동정심이 많고, 사랑하고, 열린 마음을 가지고 있고, 많은 걸 알고 있어요. 바로 이런 사람이 영적인 사람입니다."

나는 맞는 말씀이지만 영적인 징표를 원한다고 말했습니다. 영적인 인식을 원한다고도 말했죠. 그러자 스승님이 대답했습니다.

"곳곳에 징표가 있는데 당신이 그것을 알아보지 못하는 것일 수도 있어요."

또 다른 친구는 이렇게 말했습니다.

"당신 질병을 다른 사람을 돕기 위한 수단으로 쓸 수 있다는 사실 자체가 충분한 징표 아닐까요? 당신이 이 끔찍한 질병에 걸렸고, 그것으로 이렇게 창의적인 결과물을 만든 것이 모두 우연이었을까요? 이것이야말로 당신의 마지막 임무라고 말하며 손짓하는 어떤 힘의 징표로 충분하지 않아요?"

갈망하는 영적인 하나 됨을 경험하지 못해서 내가 좌절감을 느낄까요? 아닙니다. 단지 나는 영적으로 하나 됨에 관해 생각하기를 좋아하고, 그런 일이 이루어지는 것을 보기를 원할 뿐입니다. 그런 일이 일어났다면 내가 느꼈겠지만 나한테는 일어나지 않았죠.

많은 사람이 자신은 그런 경험을 했고 신 또는 더 고차원적인 힘과 연결되어 있다고 내게 말합니다. 나는 지금이야말로 내가 원하는 그 일을 경험할 가능성을 향해 마음을 열고 있어야 할 때라고 생각합니다. 그러나 아직 내게 그런 일이 일어나지 않았다고 해서 좌절하거나 실망하지는 않습니다.

Chapter

II

죽음과
기꺼이
마주하자

I

태어난 모든 것은
죽는다는 단순하지만
심오한 진리를 받아들이자

삶과 죽음 사이의 거리는
생각만큼 크지 않을 수 있습니다.

죽는 것은 당연합니다. 우리는 태어났을 때 죽을 것이라는 계약을 맺습니다. 그런데 죽음에 대해 이토록 큰 소란을 피우고 필사적으로 거부한다는 것은 우리가 우리 자신을 자연의 일부로 보지 않는다는 것을 의미합니다.

우리는 인간이기 때문에 자연과 분리된 존재라고 생각합니다. 하지만 그렇지 않습니다. 태어난 모든 것은 죽습니다. 그래서 나는 이 단순하지만 심오한 진리를 받아들이기 위해 노력하고 있습니다.

얼마 전 명상 스승님이 내 마음을 사로잡는 말을 해주었습니다.

"모리, 삶과 죽음에 대한 당신의 관점을 재고해야 할 것 같아요. 어쩌면 삶과 죽음 사이의 거리는 당신 생각만큼 크지 않을 수 있습니다."

내가 물었습니다.

"두 산과 그 사이에 있는 큰 계곡 같은 틈이 아니라는 말씀인가요? 작은 강에 놓인 조그마한 다리 정도일 뿐이라는 뜻인가요?"

나는 항상 삶과 죽음이 존재의 별개 상태라고 여겼습니다. 둘이 완전히 분리되어 있지 않을 수 있다는 것을 이해하기가 무척 어려웠죠. 적어도 내게는 그랬습니다.

스승님은 다시 말했습니다.

"당신은 열린 마음을 가진 사람이에요. 삶과 죽음에 대해 다른 식으로 생각해보세요. 그럼 어떻게 되는지 깨달아보세요."

II

죽어가고 있다는 사실을
늘 의식하면서 사랑과
연민으로 살아가자

죽는 법을 배울
시간이 주어진 것에
감사하십시오.

죽음은 개인 행위인 동시에 공동체 행위입니다. 사랑하는 가족과 많은 친구가 나의 질병과 임박한 죽음이라는 이 비극적인 일로 인해 한데 모였습니다. 우리는 서로서로 돌보고 있습니다. 나는 그들에게 계속 연락하고 그들도 나에게 계속 연락합니다.

그들은 수시로 나를 찾아와 세상일과 영적인 일에 관해 이야기를 나눕니다. 우리는 사랑의 감정을 주고받습니다.

우리는 함께 울기도 하죠. 우리가 서로에게 얼마나 의미가 있는지 이야기하고 서로를 어루만지고 끌어안습니다.

그들은 죽어가면서도 용기를 잃지 않는 법을 내게 배울 수 있어서 나를 만나러 오는 것이 좋다고 말합니다. 분명히 그들은 내가 살아가는 모습을 보며 격려받고 큰 영감을 얻습니다. 반대로 내게는 그들의 기대가 큰 도움과 영감을 줍니다.

우리는 모두 우리가 죽어가고 있다는 사실을 압니다. 날마다 죽음에 가까워지고 있죠. 이 사실에 대처하는 가장 좋은 방법은 이를 늘 의식하면서 연민과 사랑의 자세로 살아가는 겁니다.

임종을 앞둔 많은 사람이 같은 말을 했습니다. 나는 이 말에 크나큰 진리가 있다고 생각합니다. 이것이 우리가 살아가야 하는 길이라는 사실을 죽기 전에야 깨달아서는 안 됩니다.

미국의 시인 스티븐 레빈Stephen Levine은 말했습니다.

"사랑은 유일한 이성적 행위다Love is the only rational act."

비틀스는 노래했습니다.

"당신에게 필요한 건 오직 사랑뿐Love is all you need."

시인 W. H. 오든W. H. Auden은 썼습니다.

"우리는 서로 사랑하지 않으면 죽어야 한다We must love each other or die."

예수를 비롯한 많은 이들이 그토록 사랑하라고 말했지만 우리는 듣지 않았습니다.

우리는 왜 듣지 않는 걸까요? 우리의 자아가 이렇게 말하면서 방해하기 때문입니다.

"내가 먼저야. 다른 사람은 신경 쓸 필요 없어."

우리는 서로를 책임져야 합니다.

이 진리를 깨달으십시오. 이것이 우리가 할 수 있는 가장 사랑스러운 행위입니다.

III

울타리와 소유물로 나를
분리하지 말고 다정하고
착한 본성을 일깨우자

친구와 함께 공통된 인간성을
깨닫는 모임을 가져보십시오.
영혼의 유대를 향해 가는 길이
덜 힘들 것입니다.

나는 몇몇 친구들과 '죽음과 영성 그룹Death and Spirituality Group'이라고 부르는 모임을 합니다. 우리는 각자에게 맞는 영적 유대와 영적 태도를 어떻게 확립할지에 대한 문제로 고군분투하고 있죠.

그 밖에 이런 문제로도 고민합니다.

"영혼이 있을까?"

"사후 세계가 있을까?"

"환생이 가능할까?"

"죽은 후에도 뭔가가 계속될까?"

탐구 과정에서 많은 깨달음을 얻는다면 답은 무엇이든 상관없습니다. 게다가 죽음 이후에 일어나는 일에 관해서는 답이 뭐든, 믿든 안 믿든 전혀 상관없습니다.

친구들과 하는 이 모임의 목적은 따로 있습니다. 서로 마음을 열고 다정하고 착한 본성이 깨어나도록 건드려서 우리의 공통된 인간성을 깨닫는 것, 바로 이것이 우리의 목적입니다.

정식 모임이 아니더라도 가족이나 친구에게 꾸준히 만나 이야기를 나누고 싶은지 물어볼 수 있습니다. 영적인 문제에 집중하면 화제가 떨어질 일이 없죠. 나는 특히 속마음을 터놓을 수 있는 일대일 대화나 소그룹 토론에서 배운 것이 너무나 많습니다.

친밀하게 이야기를 나눌 때는 어떤 소재든 좋은 토론 거리가 됩니다. 중요한 것은 나누는 대화뿐 아니라 서로 연결되어 있고 공감하고 있다는 느낌이기 때문입니다. 우리는 함께 모여 생각과 감정을 공유합니다. 내게는 이것이 모임을 하는 이유입니다.

이 지점에 이르면 불교의 가르침이 알려주는 극명한 진리를 비로소 깨닫게 됩니다.

"젊을 때는 모두가 죽는다는 사실을 알면서도 아무도 믿지 않는다."

죽음에 직면했을 때야 이 사실을 믿게 되는 것이죠.

우리는 모두 같은 배를 타고 있으며, 이 배는 조만간 침몰할 것입니다. 지금부터 110년 후면 지금 여기 있는 사람은 아무도 살아 있지 않을 것입니다. 이런 면에서 볼 때 우리가 공동 운명을 외면한 채 자기 주위에 울타리를 치고 소유물을 쌓아 나를 따로 분리하는 것이 얼마나 어리석은 짓인지 알 수 있습니다.

IV

우리는 부서져 소멸하는
파도가 아니라 드넓은
바다의 일부로 살아간다

어떻게 살아야 할지를 배우면
어떻게 죽어야 할지를 알 수 있고,
어떻게 죽어야 할지를 배우면
어떻게 살아야 할지를
알 수 있습니다.

충만하고 잘 살기 위한 최선의 준비는 언제든 죽을 준비를 하는 것입니다. 죽음이 임박했다고 여기면 목적이 뚜렷하게 보이고 자신에게 가장 중요한 것으로 돌아가기 때문입니다. 끝이 가까워졌다고 느낄 때 자신이 소중히 여기는 모든 것, 특히 사랑하는 사람과의 관계에 세심한 주의를 기울이게 됩니다.

병을 앓는 동안 마음의 평정을 유지하기 위해 내가 설정한 목표는 어린 시절 우리 대부분이 열망했던 것과 크게 다르지 않습니다. 용기, 존엄성, 관대함, 유머, 사랑, 열린 마음, 인내, 자존감을 가지고 행동하는 것입니다.

죽음이 임박했다고 해서 이러한 목표를 달성하기가 더 쉬워지는 것은 아닙니다. 오히려 서둘러 노력해야 합니다. 이렇게 바람직하게 살기 위해 더 노력할수록 삶이 끝나는 것이 덜 두려워집니다.

명상 스승님이 들려준 우화로 내 이야기를 마무리하려 합니다. 파도와 바다에 관한 이야기입니다.

작은 파도가 있었습니다. 이 남자 파도는 해안에서 멀리 떨어진 바다에서 위아래로 흔들리며 즐겁게 시간을 보내고 있었습니다.

그러다 불현듯 자신이 해안에 부딪히게 되리란 사실을 깨닫습니다. 파도는 이제 드넓은 바다에서 서서히 뭍을 향해 밀려가고 있었고, 곧 소멸하게 될 겁니다.

"맙소사, 난 어떻게 되는 거지?"

파도는 참담한 표정으로 소리쳤습니다.

그때 똑같이 위아래로 출렁거리며 즐겁게 시간을 보내고 있던 여자 파도가 다가왔습니다. 그리고 남자 파도에게 물었습니다.

"왜 그렇게 우울해?"

남자 파도가 대답했습니다.

"모르는구나? 우린 조금 있으면 해안에 부딪혀 사라져 버리고 말 거야."

그러자 여자 파도가 말했습니다.

"너야말로 모르는구나. 우린 파도가 아니라 바다의 일부야."

나 또한 그렇게 믿습니다. 난 파도가 아닙니다. 나는 인류라는 바다의 일부입니다.

나는 죽겠지만 또한 계속 살 것입니다. 다른 모습으로 살게 될까요?

누가 알겠습니까?

하지만 나는 믿습니다. 내가 더 큰 전체의 일부라는 사실을.